도약하라!
외우는 문법에서
직접 써 보는
어법으로!

아이비리그 출신 영어 교육 전문가 샤론쌤의

영어 글쓰기 도약

The Blue Book

샤론 강 지음

초판 1쇄 인쇄일 2025년 8월 15일

지은이	샤론 강 (강혜진)
기획.검수	샤론 강
디자인	샤론 강
사전피드백	샤론샤인 북스 구독자 여러분
펴낸곳	샤론샤인북스
출판등록	제2023-000037호
주소	서울 강남구 테헤란로78길 14-6 601호
홈페이지	www.sharonshine.com
카페	cafe.naver.com/sharonshine
인스타그램	소통채널 @sharonshine_on
인스타그램	출판사 @sharonshine_write_now

이 책의 저작권은 출판사와 지은이에게 있습니다. 저작권법의 보호를 받습니다. 출판사의 사전 서면 허락 없이 본서의 전부 또는 일부를 스캔·촬영·PDF/E-book 공유·SNS/클라우드 전송 등 어떤 형태로도 이용할 수 없습니다. 무단 유포를 금지합니다.

All rights reserved. No part of this publication may be reproduced, distributed, or transmitted in any form or by any means—including photocopying, recording, or digital sharing—without prior written permission of the publisher.

ⓒ 2025 샤론 강 · SharonShine Books.
무단 전재·복제·배포·전송 금지.

ISBN   979-11-984601-6-5
값   28,000원

이 책을 열며
영어, 구조를 모르면 아무것도 시작되지 않습니다.

샤론쌤 공지방

쓸 줄 모르면 배운 게 아닙니다.

영어를 내 것으로 만들려면, 그저 이해하는 데서 멈추지 말고 직접 써봐야 해요. 영어라는 언어는 구조를 이해하며 익힐 때, 비로소 제대로 된 문장이 나올 수 있어요. 그리고 그 구조를 어떻게 머릿속에 가지고 있느냐가 중요한데, 문장을 직접 써 보는 과정을 꼭 거쳐야만 그 구조가 몸에 익게 돼요. 이것이 바로 영어 아웃풋을 위한 본질적인 해결책입니다.

이제 문제집만 풀고, 패턴만 외우고, 단어나 숙어만 암기하고, 원서 양만 늘리고, 수준에 맞지 않는 토론만 반복하는 무의미한 공부는 멈춰야 해요. 방법을 모르니 양으로만 승부하는 공부를 계속하게 되는 거예요. 하지만 능동적인 방법으로 바꾸면, 더 이상 그런 것들에 시간을 허비하지 않게 될 거예요. 단순히 양을 늘리는 대신, 진짜 실력을 쌓아야 해요. 영리한 영어 공부는 바로 본질을 채우는 실력을 효율적으로 쌓는 데 있습니다.

시험 점수와 대화 능력, 결국 '실력'이 답이에요.

토플 점수가 당장 필요해도, 수능 1등급이 목표여도, 영어로 대화가 안 되거나 글쓰기가 막힐때도, 결론은 하나에요. 그냥 영어를 잘하면 됩니다. 먼저 언어의 구조를 파악하고, 문장의 뼈대를 세우고 표현의 유연함과 정확도를 키워야 해요. 그러면 원서를 보는 눈이 달라지게 될 거예요. 영어가 다르게 들릴 것이고, 시험 문제도 완전히 다른 차원에서 보이게 될 거예요.

긴 말 하지 않을게요. 이 책을 통해 직접 보여드리겠습니다. 대한민국 영어 교육, 이제는 도약할 때예요. 어쩌면, 우리는 아직 영어를 제대로 시작조차 하지 않았는지도 몰라요. 이제 진짜로, 제대로 시작하고 도약해요.

2025년 8월 1일
-샤론 강 드림

BOOKGEMS
글쓰기 수강생 후기 (교육자)

리딩 교재와 문법 교재로 영어의 기초를 다지는 것도 중요하지만, 영어를 실제로 써보고 응용하는 힘은 결국 '원서'에서 온다고 믿고 있습니다. 그래서 저는 그동안 그림책부터 챕터북, 뉴베리 수상작까지 다양한 수준의 원서를 아이들과 함께 읽으며, 읽기와 쓰기를 병행하는 수업을 꾸준히 해오고 있습니다. 아이들이 책을 통해 언어를 '경험'할 수 있도록 다양한 워크시트와 수업 자료도 직접 만들어가며 노력해왔지만, 항상 "읽기와 쓰기를 어떻게 더 자연스럽게 연결할 수 있을까?"에 대한 고민은 남아 있었습니다.

그 가운데 만난 Sharon 선생님의 BOOKGEMS 원서 혁신 글쓰기 수업은 저에게 매우 신선한 자극이 되었습니다. 무엇보다 책을 바라보는 시선이 달랐고, 활동 하나하나가 아이들의 언어 감각을 길러주는 데 치밀하게 설계되어 있다는 점이 인상 깊었습니다. 아이들은 책을 읽으며 스스로 중요한 문장을 표시하고, 마음에 드는 표현을 발견해 자기만의 문장으로 확장해 나갑니다. 단순한 모방이 아니라, 문장을 뜯어보고 다시 조립하는 과정을 통해 언어의 뼈대와 구조를 자연스럽게 파악하게 되는 것입니다.

그리고 이 모든 과정이 무겁지 않고 유기적으로 흐를 수 있도록 도와주는 워크시트의 완성도는 정말 뛰어났습니다. 단순히 '문제를 풀고 정답을 맞히는' 것이 아니라, 자신의 언어로 표현하는 힘을 키울 수 있게 설계되어 있어 교육자로서도 많이 배우게 되는 시간이었습니다.

우리가 늘 말하는 '읽기와 쓰기의 통합'은 말처럼 쉽지 않습니다. 그러나 이 수업은 그 둘 사이의 중간 다리 역할을 해주는, 실천 가능한 하나의 해답처럼 느껴졌습니다. 아이들이 책 속 문장을 바라보는 눈이 달라지고, 자신 있게 글을 쓰는 모습을 보며 다시금 확신하게 되었습니다. 결국 영어는 연결되어야 하고, 그 연결이 가능하도록 다리를 놓아주는 수업이 진짜 교육이라고 생각합니다. 읽기 수업에서 쓰기로 확장하고자 고민 중이시라면, 꼭 한 번 경험해보시길 추천드립니다.

Janice쌤, 글쓰기 워크북 15권 훈련 이수, 포항 즐거운 제니스영어 원장님

유학생 시절, 주변의 친구들이 영어로 소통은 잘하면서도 유독 글쓰기에 어려움을 겪는 모습을 자주 봤습니다. 영어권에서 오래 생활했음에도 글을 쓰려 하면 막막해하는 경우가 많았죠. 오랜 시간 영어 교육을 하며 아이들을 지도하면서도 같은 문제를 반복해서 보게 되었습니다. 아이들은 흔히 묻습니다. "선생님, 이렇게 영어로 말하려면 뭐라고 써야 해요?"

그 질문 속엔 문법은 알지만 문맥을 이해하고 자신의 생각을 문장으로 표현하는 힘이 부족하다는 본질이 담겨 있습니다. 단순한 정답 맞히기 위주의 학습으로는 글쓰기 실력을 키우기 어렵다는 것을 절감했습니다.

우리는 종종 "한국인은 미국인보다 문법을 잘 안다"고 합니다. 하지만 정작 글을 써보면 동사가 빠지거나, 시제와 수일치가 어긋나거나, 문장은 맞는데 어색한 글이 나오는 경우가 많습니다. 그 이유는 문법은 외웠지만, 쓰임새를 익히지 못했기 때문입니다. 그런 점에서 BookGems의 글쓰기 수업은 정말 달랐습니다. 기존의 암기식 문법이나 단편적 패턴 암기와는 전혀 다른 접근이었습니다.

BookGems는 아이들이 실제 쓰임 속에서 문장을 만들고 표현을 익히며 '어떻게 써야 자연스럽고, 읽는 사람이 이해할 수 있는 문장이 되는가'를 체득하게 합니다. 샤론 선생님의 워크북, 영상 강의, 반복 훈련을 통해 문법·독해·표현·문장 구성력을 통합적으로 다루며, 단순한 쓰기 연습을 넘어 실질적인 글쓰기 능력을 길러주는 수업입니다. 단순히 읽기만 하고 북 퀴즈만 푸는 양산형 영어독서 시스템으로는 절대 따라갈 수 없는, 영어 원서 읽기의 깊이를 BookGems에서 경험해볼 수 있었습니다.

BookGems 수업 이후 아이들은 문장 구조를 보는 눈이 달라졌습니다. 책 속 문장을 통해 연결 구조를 자연스럽게 익히고, 글을 쓸 때도 흐름과 표현을 스스로 고민하며 문장을 완성해갑니다. 문장을 아는 것과, 쓸 수 있다는 것의 차이. BookGems는 그 차이를 극복하는 다리를 놓아주는 수업이었습니다. 읽기와 쓰기의 연결, 그 사이를 고민하고 있다면 꼭 경험해보시길 추천드립니다. 그게 바로 BookGems 원서 혁신 글쓰기 수업이고 글쓰기 도약입니다.

Ryan쌤 글쓰기 워크북 15권 훈련 이수, 세종시 키움어학원 원장님

영어 글쓰기 도약의 특징

 샤론샤인 정기구독

동네 학원 대신, 97% 저렴한 챌린지에 참여해 보세요.

한 장씩 풀고 사진찍어 올리면 샤론쌤이 직접 첨삭해줘요.

 글쓰기 도약 BLUE 챌린지

시각적 학습 효과를 극대화한 독창적 디자인

이중언어 교육 전문가인 샤론쌤이 직접 디자인한 독창적인 레이아웃은 보석마다 깎는 법이 다르듯이, **단 한 페이지도 같은 레이아웃이 없어요.** 영작 연습 목표에 맞춰 가장 보기 쉽고 효과적인 방식으로 정보를 소화할 수 있게 설계했습니다. 덕분에 같은 페이지가 하나도 없어 지루할 틈 없이 눈이 즐겁고, 집중력을 최고로 끌어올려 학습 효과를 높여줄 거예요.

BOOKGEMS
글쓰기 수강생 후배들에게

내가 샤론샤인 워크북으로 클로이 선생님 수업을 들으면서 가장 좋았던 부분 중 하나는 'So did I'와 'So do I' 같은 표현들을 배운 거야. 단순히 외우는 게 아니라, 이 표현들이 가진 여러 의미와 문법에 맞춰 문장을 어떻게 만드는지 정확히 알려주시더라고.

그리고 솔직히 예전엔 어떤 대상을 '종이 조각처럼' 묘사하는 방법 같은 건 전혀 몰랐거든. 그런데 'third of it' 유닛을 배우면서 그런 표현 방식에 대한 지식이 생겼고 이젠 자신감이 확실히 붙어서 정말 기뻤어.

또 'as though'를 주제에 맞춰 어떻게 활용하는지 배운 것도 큰 도움이 되었어. 이 단어들을 활용해서 에세이에 문장을 쓸 수 있게 되었고, 수업 후에 클로이 선생님께 이 표현들이 비슷한 의미로도 쓰일 수 있다는 걸 추가로 배우면서 더 확실히 내 것으로 만들 수 있었지.

그리고 이 수업을 듣기 전에는 글쓰기가 원래 막막하고 두려웠는데, 샤론선생님의 원서 해설강의를 보면서 문법이 잘 이해되고, 글쓰기에 자신이 더 있어졌어. 알려주신 표현들 덕분에 내가 쓴 글을 더 표현력있고 정확해졌어.

선생님들 정말 감사합니다!

김*우 초6, 제주도

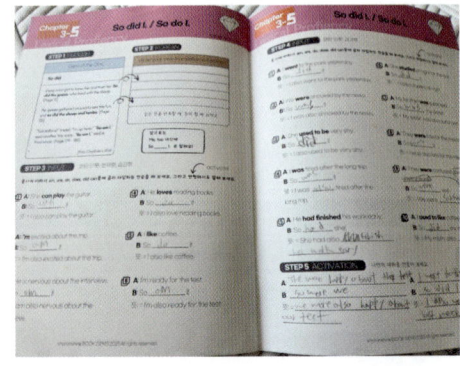

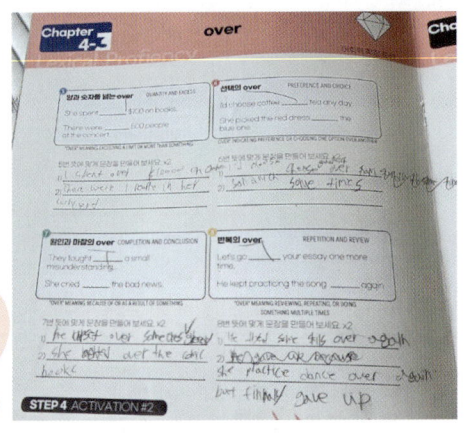

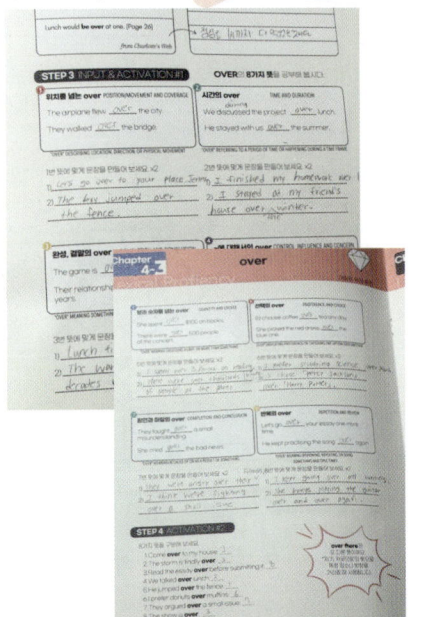

영어 글쓰기 수업에서 정말 많은 걸 배웠어. 그냥 문법 위주로만 배우던 수업이랑 다르게 진짜 원어민 처럼 쓰는 방법을 배우게 돼서 훨씬 더 재미있고 유익하더라구. 단어 하나하나를 어떻게 써야 자연스러운지, 또 같은 의미라도 표현하는 방법이 여러 가지라는 것을 깨달았지.

특히 기억에 남는 것은 'OVER'이라는 단어의 다양한 뜻이었어. 그냥 '~위에'라는 뜻만 있는 줄 알았는데, 감정, 위치, 시간, 상태 같은 데도 쓰인다는 걸 배우고 나니까 더 흥미로웠어. 예를 들어, "GET OVER IT" 같은 표현이 단순히 '넘어가다'가 아니라 '잊어버려, 극복해'라는 뜻이라는 걸 알게 됐을 땐 정말 신기했어.

예전에는 글 쓸 때 무조건 맞는 문법만 신경 썼는데, 이제는 문장의 흐름이나 분위기까지도 생각하게 됐어. 그래서 글 쓸 때 훨씬 자연스럽고 자신감도 생겼어. 영어로 글 쓰는 게 예전보다 훨씬 덜 어렵게 느껴지고 있어서 앞으로도 이런 식으로 배우면 영어 실력이 쑥쑥 늘 것 같아서 너무 기대돼. 이 수업, 정말 강력 추천해!

심*서 중1, 분당

영어 글쓰기
도약의 특징

1 샤론샤인 정기구독

동네 학원 대신, 97% 저렴한 챌린지에 참여해 보세요.

한 장씩 풀고 사진찍어 올리면 샤론쌤이 직접 첨삭해줘요.

2 글쓰기 도약 BLUE 챌린지

원어민의 '영어 뇌'를 장착하는 구조화된 훈련

이 워크북은 원어민처럼 생각하고 쓸 수 있는 '영어 뇌'를 만드는 체계적인 훈련을 제공해요. 그저 문장을 외우는 걸 넘어, 영어의 가장 중요한 어순 감각과 논리적인 문장 **구조(뼈대)를 파악하는 능력**을 길러줍니다. 궁극적으로는 자유롭게 영어를 생각하고 표현할 수 있는 힘을 키우는 데 집중했어요. 결국, 그 힘이 영어를 하는 진짜 목표여야 하니까요.

BOOKGEMS
글쓰기 수강생 후배들에게

샤론쌤의 원서 수업을 들으며 난 진짜 보석을 얻은 듯 했어. 이 수업은 좀 더 고급진 표현들을 배우게 하고, 영어를 단순히 외우는 과목이 아니라 구조적으로 이해하는 과목으로 만들어 줘. 영어로 뭔가를 쓰려고 할 때면 항상 막막하고 똑같은 표현, 문장만 썼던 내가 샤론쌤 수업을 듣고 나서는 같은 뜻이라도 다양한 형태로 영작할 수 있게 되었고, 영어 에세이 실력도 확 올랐다는 확신이 있었는데, 이건 내가 이번에 영어 스피치 대회에서 상을 타는 것으로도 증명되었어.

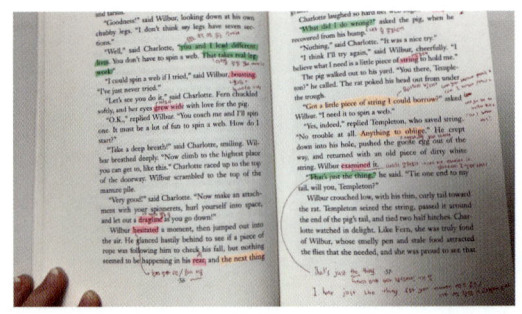

"Can't help ~ing"는 1권에 나왔던 표현이야. 샤론쌤 수업을 듣기 전이었다면 'help'를 직역해서 "~하는 것을 못 도와주다"라고 해석했을 거야. 또, "무엇을 멈출 수 없었다"를 영작하라고 했다면 "can't stop ~ing" 형태로 썼을 게 뻔해. 하지만 샤론쌤 수업을 듣고 나니 여러 표현은 물론이고 영어 문장의 구조가 자연스럽게 잡혔어. 굳이 외우지 않아도 문장을 계속 쓰고 피드백을 받는 과정에서 어떨 땐 동사원형이, 어떨 땐 'ing' 형태가 오는지 등 문장의 구조가 머리에 그려지게 되었지.

후배들에게 공부 팁이 있다면;
첫째, 워크북을 백배 이용해서 무조건 많이 영작해보기. 아무리 많은 표현을 알아도 그것을 써먹지 못하면 소용없어. 마구 마구 써 보고 수업 때 클로이 선생님께 피드백을 받아서 문장을 고쳐 내 것으로 만들어야 해. 녹화영상을 꼭 보고 숙제를 올리는 것도 도움이 많이 돼.

둘째, 워크북을 가이드로 둔 상태에서 ChatGPT와 대화하면서, 그날 수업때 배운 표현을 써 보고, 다른 아이들이 썼던 표현도 넣어 보고 이 상황에서 쓰는 게 맞는 건지, 어색했는지 등을 물으며 정말 대화하듯이 해봐.

셋째, 이 표현이 나왔던 원서에서의 그 부분을 다시 읽으면서 다시 눈에 익혀야 해! 그렇게 하면 정말 그 표현은 내가 완전히 소화를 한 것이어서 내 뇌 속에 남게 돼.

마지막으로 이 수업을 정말 추천하는 이유는, 표현이 늘고 영어가 구조적으로 정리되면서 글이 깔끔해진다는 거야. 그리고 그렇게 깔끔해진 글에 샤론쌤이 툭툭 던져주시는 어려운 단어들을 주워 담다 보면 진짜 어휘력도 같이 따라오게 돼. 단어를 먼저 외워서 방치해두는 게 아니라, 구조를 먼저 알고 거기에 어휘를 적용하는 것은 정말 달라. 꼭 추천해!

한*연 중1, 부산

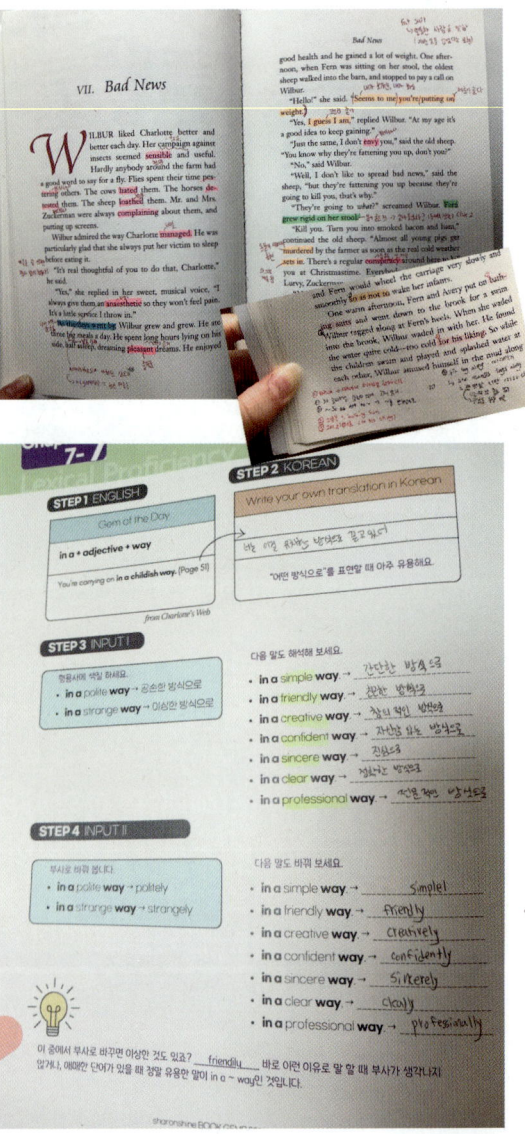

영어 글쓰기
도약의 특징

❶ 샤론샤인 정기구독

동네 학원 대신, 97% 저렴한 챌린지에 참여해 보세요.

한 장씩 풀고 사진찍어 올리면 샤론쌤이 직접 첨삭해줘요.

❷ 글쓰기 도약 BLUE 챌린지

수동적 인풋에서 벗어난 효율 극대화의 능동적, 적극적 방식

이 워크북은 단순히 단어를 외우고 방치하거나, 문제 풀이만을 위한 공부, 혹은 패턴 쓰기의 정답을 따라 쓰는 옛날 방식과는 전혀 달라요. 대신 실제로 활용할 수 있는 '나만의 결과물'을 만드는 것을 돕는 데 집중했습니다. 스스로 문장을 써 가는 과정을 통해 학습 효율을 최고로 끌어올리고, 문장을 이해하는 능력과 **스스로 문장을 만들어내는 능력**을 확실히 키울 수 있도록 설계했습니다. 이렇게 배운 내용은 오래도록 기억에 남아 언제든 활용할 수 있게 될 거예요.

BOOKGEMS
글쓰기 수강생 후배들에게

나는 단어 외우는 것에 지쳐 영어가 싫고 힘들게만 느껴진 적이 있었어. 그래서 다시 처음부터 시작한다는 생각으로 뜻보다 소리에 먼저 집중하고, 모르는 말이라도 읽을 수 있도록 하는 샤론샤인 음소 수업으로 시작했지. 그때부터 영어가 조금씩 다가온 것 같아.

하나의 단어가 읽히고 하나의 문장이 읽히자, 모르는 단어도 조금씩 스스로 찾아보게 되고 모르는 어순도 알아보게 되었어. 하지만 마치 유아가 단어만 내뱉는 것처럼 내 생각을 말하기가 어려웠지. 아는 단어와 문장들이 있었지만, 그게 정말 어려웠어. 외워야 할 것투성이인 것 같았거든.

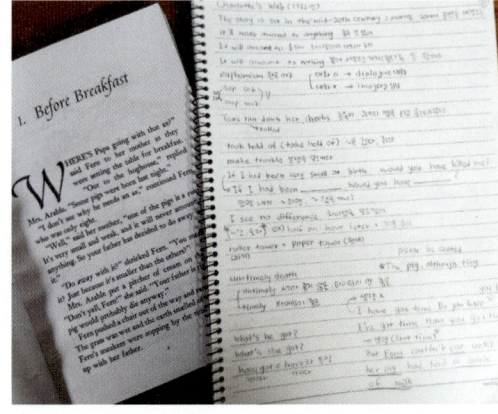

그러다 샤론샤인에서 원서읽기를 한 후 글쓰기까지 할 수 있는 수업이 열린다고 하길래 바로 합류하게 되었어. 원서를 읽고 그 안에서 숨은 보석 같은 표현들을 찾아보며 글을 쓰는 수업이었지. 처음엔 귀찮고 힘들게 느껴졌어. 가까워진 영어가 다시 거리를 두려는 것 같았거든.

난 다시 외우는 것을 쉬고, 그저 쓰는 것에 집중했어. 그렇게 하나의 단어를 쓰고 한 줄의 문장을 쓰고, 그 개수와 양이 점점 늘어나다 보니 자연스러워지기 시작했지. 뜻은 모르지만 쓰게 되는 단어들, 순서는 모르지만 쓰게 된 문장들에 익숙해지니 자연스럽게 영어가 다시 문법과 함께 다가오는 것을 느꼈어. 거기에 생각이 하나둘 내뱉어져 글로 쓰이기 시작했어.

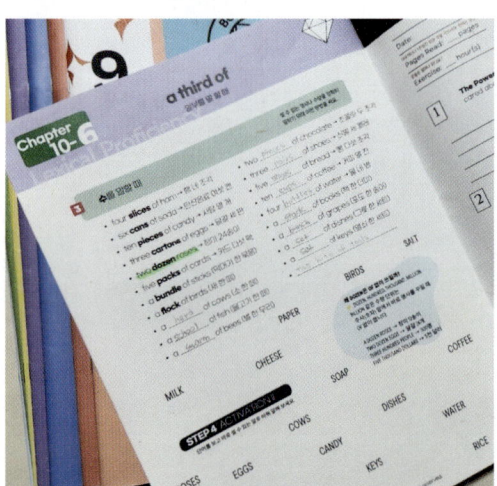

받아 적은 글과 떠올려 적은 글에는 내가 아는 단어, 내가 아는 문장들이 내가 알게 된 문법에 맞춰 내 생각들이 보다 올바른 방식으로 표현되어 있었지. 단어는 자연스럽게 내 머릿속에 담겼고 문법은 다시 자연스럽게 내 생각 속에 녹아들었어. 그렇게 떠오르는 것을 다시 또다시 내뱉을 수 있게 되었단다. 글을 쓴다는 것은 나의 생각을 밖으로 표출하는 일이야. 정리되지 않은 생각을 말로 소리 내어 내뱉었을 때와 달리, 보다 올바르게 문장으로 만들어낼 수 있게 되었지. 숨은 영어의 보석 같은 표현들을 알아보면서 영어라는 하나의 언어에 더 가까워질 수 있게 되었고, 나아가 앞으로 어떻게 언어를 공부하면 좋을지 생각해 볼 수 있는 계기가 되었어.

김*온 중2, 충남 아산

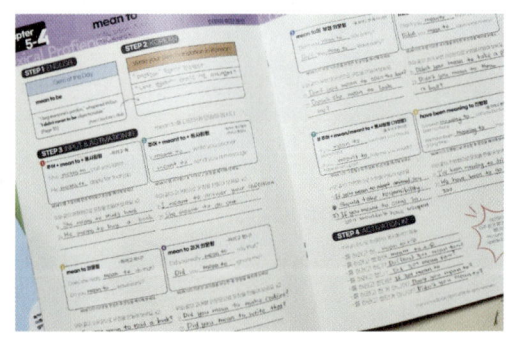

영어 글쓰기 **도약**의 특징

정확함에 도달하는
아웃풋 방식

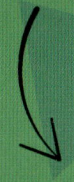

샤론샤인 정기구독

동네 학원 대신, 97% 저렴한 챌린지에 참여해 보세요.

한 장씩 풀고 사진찍어 올리면 샤론쌤이 직접 첨삭해줘요.

글쓰기 도약 BLUE 챌린지

이 워크북은 단순히 단어를 나열하는 것을 넘어, **하나의 어휘로 완벽한 문장을 만들어내는 기술**을 가르칩니다. 각 페이지는 예시 문장을 통해 해당 어휘가 어떤 문장 구조를 이루는지 먼저 학습하게 합니다. 그리고 곧바로 이와 유사한 문장을 스스로 만들어보는 활성화(Activation) 단계를 거치도록 설계했어요.

이는 인풋 (Input)과 활성화 (Activation)이 끊임없이 반복되도록 돕습니다. 어떤 새로운 표현도 스스로 직접 만들어보지 않고는 다음으로 넘어가지 못하도록 구성하여, 배운 것을 정확하게 자기 것으로 만들 수 있도록 유도합니다. 덕분에 단순 암기가 아닌, **진정한 '내 것'으로 만드는 실질적인 훈련**이 가능해요.

정확도를 높이기 위해 AI의 첨삭도 적극 활용하도록 가이드하며, 이중언어 선생님과의 글쓰기 첨삭 수업, 샤론쌤 1:1 소통창도 마련되어 정확도를 높이기 위한 노력이 상호적으로 이루어지게 되니 챌린지에 꼭 참여해 보세요!

BOOKGEMS
글쓰기 수강생 후배들에게

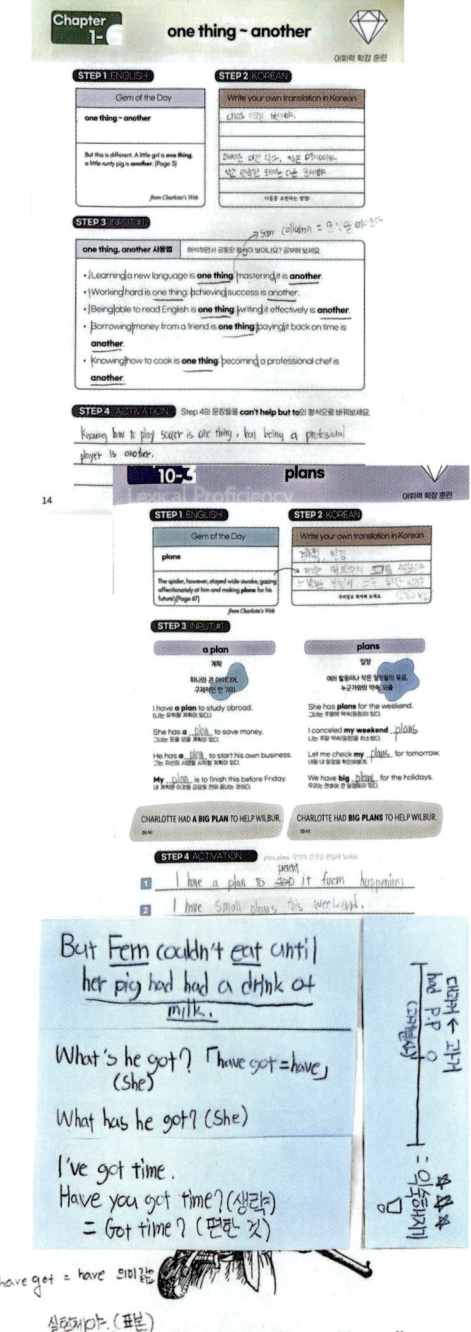

나는 평소에 글을 쓸 때 비슷한 표현만 계속 쓴다는 이야기를 많이 들었어. 매번 비슷한 표현이 반복될 뿐만 아니라 같은 표현을 한 문장에 계속 쓰는 등 여러 문제가 있었어. 그런데 샬럿츠웹을 샤론쌤과 분석하면서 읽고, 클로이쌤과 여러 표현들을 배우고, 번역하고, 활용해보면서 내가 쓰는 글이 더 풍성해지는 것을 느꼈어. 다른 수업에서 에세이 첨삭을 받는데 표현이 더 풍성해지고 다양해졌다는 이야기를 들었어. 지금부터 내가 생각했을 때 가장 도움이 되었던 표현 2가지를 알려줄게.

첫 번째는 'one thing ~another'이라는 표현이야. 어려워 보일 수 있지만 생각보다 단순해. One thing 앞에 들어가는 것과 another 앞에 들어가는 것이 별개라는 뜻이야. 어때, 생각보다 간단하지? 예를 들어, "Knowing how to play soccer is one thing, but being a good player in another." 같은 문장이 있지. 이 문장은 축구를 할 줄 아는 것과 좋은 선수가 되는 것은 별개라는 뜻이야. 스포츠를 하면서 머리로는 어떻게 해야하는지 아는데 몸이 안 따를 때를 표현할 수 있는 말이 되겠지. 에세이에 결론 부분에 이 표현을 넣었더니 잘 어울린다는 평가를 받았어.

두 번째는 'plans'야. "지금 왜 저런 단순한 단어가 나오지?"라고 생각할 수 있는데, 우리는 plans의 뜻을 계획이라고만 생각하잖아. 그런데 일정이라는 뜻도 있더라고. 다들 알고 있었을 수도 있는데, 어쨌든 나는 몰랐어. 'I have a plan to study abroad.'라는 문장을 나는 유학할 계획이 있다라고 해석할 수 있지, 그런데 'She has plans for the weekend.'라는 문장을 해석하면 그녀는 주말에 일정이 있다라고 해석할 수 있어. 이렇게 같은 단언데 조금 다른 방식으로 쓰일 수 있다는 것과 plans가 일정이라는 뜻이 있다는 점에 정말 재미있었어.

책을 보다보면 그냥 넘어가는 단순한 표현들이 "Charlotte's Web"을 샤론쌤과 해석하면서 읽고나니, 예전에는 그냥 지나쳤던 표현이 정말 보석처럼 보이는거 있지? 앞으로 이 수업을 들을 계획이 있으면 열심히 하기를 응원하고, 지금 생각이 없는데 한 번 읽어보는 거면 다시 한 번 생각해봐, 정말 많은 표현을 알게 되고 책속의 숨은 보석을 찾을 수 있게 될 거야.

김*원, 중1, 경기 수원

영어 글쓰기 도약의 특징

❶ 샤론샤인 정기구독

동네 학원 대신, 97% 저렴한 챌린지에 참여해 보세요.

한 장씩 풀고 사진찍어 올리면 샤론쌤이 직접 첨삭해줘요.

❷ 글쓰기 도약 BLUE 챌린지

효율성을 고려한 여섯 가지 문장 구성 미션

문장 구성 미션 1
단어 한 개로 문장 만들 수 있어?

문장 구성 미션 2
시작 부분만 알려줄게. 문장 완성할 수 있어?

문장 구성 미션 3
재료 줄게. 다양한 문장, 요리할 수 있어?

문장 구성 미션 4
나머지는 알려줄테니 주어만 문장 앞에 붙여 볼 수 있어?

문장 구성 미션 5
양, 수, 시간 공간을 정확하게 표현할 수 있어?

문장 구성 미션 6
전치사 두 개 연달아 쓸 수 있어?

BOOKGEMS
글쓰기 수강생 후배들에게

안녕, 후배 친구들! 나는 지금 샤론샤인 글쓰기 수업을 듣고 있는 학생이야. 솔직히 말하면, 지금까지 내가 해본 영어 수업 중에서 이 수업이 가장 도움이 많이 되고, 제일 즐거웠던 수업이었어! 글쓰기 워크북 수업이 정말 특별하고 좋았던 점이 많아.

'예를 들어, 다들 워낙 유명해서 읽어본 적 있을 『샬롯의 거미줄(Charlotte's Web)』이라는 책 있잖아? 그 책을 그냥 읽는 걸 넘어서, 책 속에 숨어 있는 중요한 영어 표현들을 꼼꼼하게 짚어가면서 우리만의 글을 직접 써보는 기회를 가졌어. 이렇게 배우는 수업은 흔치 않을 거야!

샤론 선생님께서 직접 꼭 알아야 할 필수 표현들을 뽑아서 깔끔하게 정리해주시면, 클로이 선생님께서 그걸 바탕으로 정말 이해하기 쉽게 자세히 수업을 해주셔. 이런 식으로 필수 표현들을 배우니까 자연스럽게 내 것으로 만들 수 있게 되더라.

내가 가장 기억에 남는 표현은 **'be determined to'**였어. 왜냐하면 'be determined'는 '굳은 결심', '다짐'을 의미하는데, 이게 정말 많은 상황에서 쓸 수 있고, 이 표현을 넣으면 문장이 훨씬 고급스러워 보이거든!

그리고 배운 표현 중에 'a third of'처럼 물건을 세는 단위를 배우는 부분도 정말 좋았어. 왜냐하면 이런 물건 세는 단위들을 알면 진짜 유용하거든! 예를 들면, "a serving of food(1인분의 음식)", "a school of fish(물고기 떼)", "a swarm of bees(벌 떼)" 같은 표현들을 배울 수 있었지. 이런 걸 아는 게 생각보다 엄청 도움이 돼.

이 수업 덕분에 나는 영어 표현들을 예전보다 훨씬 더 많이 알게 되었고, 실제로 활용할 수 있는 능력도 길렀어. 내가 이 수업에서 배운 내용을 꾸준히 복습한다면 영어랑 더욱 친해지고, 어렵다고 생각했던 문법들도 많이 배울 수 있게 될 것 같아.

한 가지 분명한 건, 이 수업을 들으면 영어를 대하는 너희의 마음가짐 자체가 달라질 거고, 영어 지식도 훨씬 풍부해질 거야! 영어를 제대로 배우고 싶은 친구들이라면, 샤론샤인 글쓰기 수업을 정말 강력하게 추천해! 너희의 영어 실력 향상을 응원할게! 수업을 먼저 들은 선배가 :)

정*나 경기 고양시

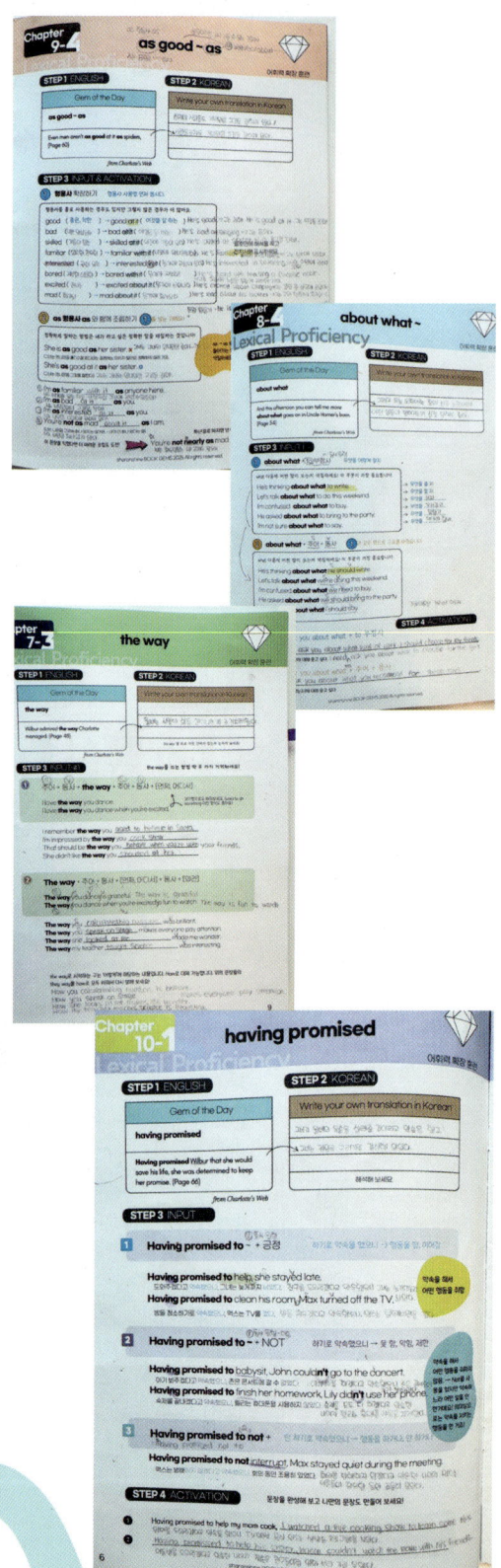

BOOKGEMS
글쓰기 수강생 후배들에게

다른 학원들과 가장 큰 차이점은 단어를 익히는 방식이라고 생각해. 여기서는 무작정 단어만 외우는 게 아니라, 하나의 단어가 여러 문장에서 어떻게 다르게 쓰이는지 직접 글쓰기를 통해 익히게 돼.

그렇게 꾸준히 써보다 보면 어느새 단어가 저절로 내 것이 되는 걸 느낄 수 있을 거야. 솔직히 학원 숙제나 과제에 너무 많은 시간을 들이기 어려운 친구들이 분명 있을 텐데, 그런 친구들한테도 이 수업을 정말 강력하게 추천해! 불필요하게 시간 낭비하지 않고 효율적으로 실력을 키울 수 있을 거야.

진*현 중2 서울 방배

영어공부를 많이 하지 못한 중학생에게 음소교육을 시키고 샬럿츠웹을 1년동안 공부한다는건 사실 모험적인 일이었어요. 하지만 늦었기에 확실하게 되는 공부를 시키고 싶은 욕심이 생겼습니다. 많은 시간을 투자해야 되는 공부보다 효과적이 공부법을 선택한거라 생각합니다. 샤론샘의 한마디 "결국 영어 잘하게 만들면 되요." 그 말 믿고 가봅니다. 게으른 학습자지만 조금씩 발전해서 영어 잘하는 아이 그리고 엄마가 되길 바래봅니다.

진*현 중2 방배 학부모

『샬롯의 거미줄』 글쓰기 수업은 진짜 특별했어. 마치 보물찾기처럼 글쓰기에 꼭 필요한 보석 같은 표현들을 하나씩 찾아낼 수 있어서 좋았지. 교재도 어찌나 자세하고 알기 쉽게 써 주셨는지, 혼자 복습할 때도 이해가 쏙쏙 되고 있어. 그중에서도 내가 가장 인상 깊게 이해하고 잘 활용하게 된 건 'one thing ~ another' 구문이야. 한 번 들어 볼래?

"Knowing how to study is one thing; becoming a teacher is another. → 공부하는 법을 아는 것과 선생님이 되는 건 별개의 문제야.

라는 뜻이지. 그리고 두 독립절을 연결할 때 세미콜론을 사용한다는 것도 자연스럽게 저절로 배워졌어. 이런 문장을 수도 없이 직접 만들어 보면서 내 글쓰기 실력이 정말 많이 늘었어.

최*원 중2 서울 반포

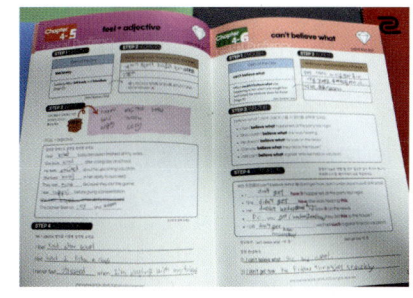

초등 2학년 때부터 영어 환경을 만들어주며, 영어를 자연스럽게 익힐 수 있도록 했습니다. 무엇보다 영어에 대한 긍정적인 정서를 유지하는 것이 중요하다고 생각했기에, 과도한 학습보다는 아이의 흥미와 취향에 맞는 책을 자유롭게 읽게 하고, 수업 역시 부담 없이 참여할 수 있는 난이도의 클래스를 선택해 왔습니다. 그러나 아이가 중학생이 되면서, 이제는 초등 시기와는 다른 방향이 필요하지 않을까 고민하던 중 <샬럿츠웹 원서 혁신 글쓰기> 수업을 알게 되었습니다.

<샬럿츠웹 원서 혁신 글쓰기> 수업의 가장 큰 장점은 한 권의 책을 깊이 있게 정독하며 사고력과 표현력을 함께 키울 수 있다는 점이었습니다. VOD 수업을 통해 Sharon 선생님과 함께 원서 속 숨겨진 보물 같은 표현들을 발견하고, 실시간 온라인 수업과 과제 게시판에서는 Chloe 선생님이 그 표현들을 직접 문장에 적용해볼 수 있도록 세심하게 지도해주셨습니다. 또한, Anna 선생님의 꼼꼼한 관리 덕분에 과제도 밀리지 않고 꾸준히 이어갈 수 있었고, 그 결과 어휘력과 문장 구성력이 확실히 눈에 띄게 향상되었습니다.

<샬럿츠웹 원서 글쓰기> 수업을 통해 단순히 책을 '읽는 것'을 넘어, 책 속에서 얻은 표현과 생각을 '글로 써보는 경험'으로 이어갈 수 있었습니다. 많은 책을 읽는 것도 좋지만, 꼼꼼하게 읽은 한 권이 더 큰 힘이 된다는 믿음처럼, <샬럿츠웹 원서 글쓰기> 수업은 아이의 영어 실력에 깊이와 자신감을 더해준 소중한 시간이었습니다.

김*원 중1 경기 수원 학부모

BOOKGEMS
글쓰기 수강생 후기 (학부모, 교육자)

샤론샤인의 샬럿츠웹 원서혁신 글쓰기 수업을 만난 것은 저희 아이에게는 큰 행운이었습니다. 글쓰기 수업을 듣기 전에 우선 다음 단계로 착착 진행합니다. 수업을 듣기 전에 공부 계획을 세우고, 매일 매일 Anna 쌤께 숙제 인증샷을 보내고 1:1 관리를 받게 됩니다. 그 주에 진도 나가는 챕터를 읽고, 샤론쌤이 알려준 보석 캐는 방법대로 annotate(각주달기)을 합니다. 그 다음은 샤론쌤의 VOD를 들으면서 중요한 부분, 놓친 부분을 필기합니다. 이렇게 미리 내용 파악과 중요한 표현들을 한번 공부하고, 본격적으로 글쓰기 수업에 참여합니다.

글쓰기 수업 시간에는 챕터별로 샤론쌤이 뽑은 보석 표현들로 문법적인 부분들도 설명을 듣고, 여러 다양한 문장 만들기를 통해서 자연스럽게 익히게 됩니다. 문장 만들어서 챗방에 올리고, 선생님 피드백 받고, 문장을 읽고 해석도 하고,, 글쓰기 수업 1시간동안 꽉꽉 채워서 문법, 읽기, 쓰기를 연습하게 됩니다.

기존 문법 중심의 글쓰기에서는 정답을 맞추는 데 집중했다면, 샤론샤인의 글쓰기 수업은 원서 읽기를 통해 자연스럽게 표현을 익히고 그 표현들을 글쓰기에 적용하면서 일부러 외우지 않아도 나도 모르게 글쓰기가 되는 방식으로 꾸준히 공부하고 있습니다.

개인적인 사정으로 아이가 영어 학원을 몇 달 쉬었다가 학원을 갔는데, 영어학원 선생님의 피드백이 영어 문법 실력 뿐 아니라 영어 어휘력도 더 늘었다는 피드백을 받으니 역시 샤론샤인 글쓰기 수업의 효과가 나타나는구나 하며 놀라고 있습니다.

강*민 중2, 분당 학부모

요즘 영어교육 시장을 들여다보면, 영어 원서를 활용하지 않는 곳을 찾기 어려울 정도입니다. 학생, 학부모, 교사 모두 영어 원서가 주는 전문성과 차별성을 원하고 누구나 한 번쯤은 원서 읽기에 도전하고 싶어 합니다. AR, LEXILE 등 수치화된 읽기 레벨을 따라가다 보면, 마침내 원어민 수준의 독해력을 얻게 될 것이라는 기대 속에서 많은 이들이 '영어 원서 읽기'라는 긴 터널을 걷고 있습니다.

하지만 이처럼 원서 교육이 보편화되는 분위기 속에서 정작 그 방식은 양극단을 오갑니다. 어떤 곳은 흥미 위주의 스토리텔링에 집중하고, 또 다른 곳은 기존 문답식 수업을 원서로 포장한 형태에 그칩니다. 저 역시 영어 그림책 기반 수업으로 학생들의 관심을 끌 수 있었지만, 학교 성적과는 별개의 수업이라는 인식이 강해 억지로 독후 활동을 붙이거나, 글쓰기로 연결하는 데 많은 어려움을 겪었습니다.

그러던 중 만난 샤론 선생님의 원서 기반 글쓰기 수업은 완전히 새로운 방식의 수업이었습니다. 이 수업은 어려운 단어를 외우거나 복잡한 구문을 분석하는 수업이 아닙니다. 읽기와 쓰기를 동시에 연습하는 문장이면서 동시에 말하기에도 적용할 수 있는 실제적이고 능동적인 수업입니다.

또한 그동안 내가 캐고 있던 보석과 선생님의 보석이 얼마나 다른지를 한 번만 참여해보면 느끼게 됩니다. 아무리 벽돌책을 줄줄 읽어도, 왜 내 영어가 제자리였는지를 그때서야 비로소 깨닫게 됩니다. 우리 어른 세대는 과거의 방식으로는 영어가 내 것이 되지 않는다는 사실을 이미 알고 있습니다. 그러나 우리는 여전히 그 방식에서 벗어나지 못하고 있습니다.

내가 직접 쓸 수 없다면, 그것은 내 것이 아닙니다. 우리는 생각보다 더 영어를 모릅니다. 진짜 영어를 배우고 싶다면, 제대로 된 한 줄을 써보세요. 내 문장이 진짜인지 아닌지 바로 이 책에서 확인하고 도약해 보세요.

김*영 글쓰기 워크북 15권 훈련 이수, 전남 나주시 마이리틀젭스영어 원장님

영어 글쓰기 도약
나의 미션 적기

1 샤론샤인 정기구독

동네 학원 대신, 97% 저렴한 챌린지에 참여해 보세요.

한 장씩 풀고 사진찍어 올리면 샤론쌤이 직접 첨삭해줘요.

2 글쓰기 도약 BLUE 챌린지

계획은 그만 세우고 지금 도약하세요.
이 책은 한 페이지를 풀 때마다 실력이 늘도록 설계했습니다.

한 사람당 3권(세 바퀴 돌기) 을 추천합니다.
1권을 끝내면, 예전의 영어 공부 방식으로는 돌아가기 어렵습니다.
2권을 끝내면, 문장 구조 감각이 뇌에 각인됩니다.
3권을 끝내면, 말이 바로 나올 만큼 몸에 배어 내 실력이 됩니다.

이름: _____   서명: _____

나의 다짐: _____

미션 시작 날짜: _____   미션 완성 날짜: _____

© 2025 Sharonshine BOOKGEMS. All rights reserved.

Table of Contents

SENTENCE BUILDING MISSION 1 단어 한 개로 문장 만들 수 있어?

1	became (상태 변화를 표현하기)		9	even (부사의 변형력)
2	upstairs (장소, 위치 설명하기)		10	plans (비슷한 단어, 다른 뜻)
3	miss (여러가지 뜻)		11	over (여러가지 뜻)
4	make (사역동사와 친해지기)		12	everyone / every one (비슷한 단어, 미세한 차이)
5	both ("둘 다"와 친해지기)		13	answer (한 단어, 여러 역할)
6	bumps (명사 확장법)		14	fine (여러가지 뜻)
7	with (정보를 추가할 때)		15	right (여러가지 뜻)
8	must (조동사 사용법)			

SENTENCE BUILDING MISSION 2 시작 부분만 알려줄게. 문장 완성할 수 있어?

16	It was + (noun) + that (강조하기)		23	It takes + (시간, 노력, 비용 말하기)
17	Now that + (분위기 전환하기)		24	All I could + (최선이었다고 하기)
18	Here she sat + (특정 장소로 시선 이동하기)		25	A night like this + (분위기 말하기)
19	I will + (의지, 계획하기)		26	Come in! (초대하기)
20	I wonder + (궁금, 호기심 표현하기)		27	Have you ever + p.p + (경험 묻기)
21	It is + adjective + to + (상태 표현하기)		28	The next thing + (긴박감 주기)
22	It is time to + (적절한 시기 말하기)		29	Having promised + (지금 상황의 원인, 배경이 된 이전의 행동 설명하기)

SENTENCE BUILDING MISSION 3 재료 줄게. 다양한 문장, 요리 할 수 있어?

30 Subject + Verb + Object   MAD LIBS
주어 + 동사 + 목적어 구성 훈련

31 Verb + Adverb   (섬세하게 표현하기)
동사 수식 부사

32 ing (Present Participle)   (문장 늘리기 꿀팁)
현재분사 사용법

33 오감동사   ('말하다'를 표현하는 다양한 어휘)

34 오감동사 + with   (어떤 상태인지 추가하기)
전치사 구문

35 here where   (생생한 공간감 불어넣기)
관계부사절

36 all over   (장면을 효과적으로 묘사하기)
부사구

37 the way   (방식을 세련되게 표현하기)
관계부사절의 선행사

38 out of the way   (여러가지 뜻 모두 알기)
전치사구 / 부사구

39 things that are   (명확하게 설명하기)
관계대명사절의 구조화

40 things that have   (구체적으로 묘사하기)
관계대명사절의 구조화

41 things that cannot   (명확하게 표현하기)
관계대명사절의 구조화

42 catch up with   (여러가지 뜻 모두 알기)
같은 말, 여러 뜻

43 one thing + another   (미묘한 차이. 논리적 문장 만들기)
관용적 표현 (Idiom)

44 never -er than   (강렬한 인상 남기는 문장 만들기)
비교를 통한 최상급

45 -er than it looks   (실제가 어떻다 솔직하게 말하기)
비교급 확장 훈련

46 sleep covered up   (완료된 동작을 생생하게 묘사하기)
과거분사구

47 got to / have got to   (해야 할 일을 명확하게 전달하기)
비슷한 말 차이

48 So did I. / So do I.   (동의나 공감을 표현하기)
동의 표현, 도치 구문

49 mean to   (의도나 계획을 표현하기)
동사 + to부정사 구조

50 in such a way   (이루어진 방식을 설명하기)
전치사구 / 부사구

51 get away with   (책임을 모면하려는 상황을 표현하기)
구동사

52 in a -way   (어떤 방식이나 특징을 세련되게 표현하기)
전치사구 / 부사구

53 with a -look   (인물의 감정이나 상태를 생생하게 전달하기)
전치사구 / 부사구

54 about what -   (궁금증이나 정보를 나타내기)
전치사 + 의문사

55 as good - as   (유사한 점을 명확하게 말하기)
원급 비교 구문

56 not as - as   ('한 대상이 다른 대상보다 덜 하다'를 표현하기)
원급 비교 부정 구문

57 (Verb) + (Adjective) -er   (변화를 생생하게 묘사하기)
비교급 형용사

58 considering   (이유나 조건을 추가하기)
분사 구문

SENTENCE BUILDING MISSION 4 나머지는 알려줄게. 주어만 문장 앞에 붙여 볼 수 있어?

59	**feel + (Adjective) +** (감정 상태 느끼기) (오감동사 + 주격 보어)	68	**can't believe that** (믿을 수 없음을 표현하기) that 절
60	**seem + (Adjective) +** (추정/ 인상 표현하기) 연결동사 + 형용사	69	**be determined to (1)** (확고한 의지 표현하기) to 부정사
61	**seem to + O + that** (의견, 판단을 조심스럽게 하기) 연결동사 + to 부정사	70	**be determined to (2)** (확고한 의지 표현하기) to 부정사
62	**succeed in -ing** (성공적으로 해내기) 전치사 구문 + 동명사	71	**can't help -ing** (피할 수 없는 행동이나 감정 표현) 동명사
63	**seems as though** (상상력을 꺼내어 설명하기) 접속사 구문	72	**have always been** (지속적인 상태를 강조하기) 현재완료 시제, 빈도 부사
64	**would probably** (비교적 높은 가능성을 이야기하기) 조동사 구문	73	**have nothing to do with** (무관함을 단호하게 표현) 부정 대명사
65	**was moved** (한 단어 활용법 모두 알기) 수동태	74	**has something to do with** (연관성을 설명하기) 긍정 대명사
66	**would have + p.p** (가정/ 후회 표현하기) 가정법 과거 완료	75	**be thoughtful of** (따뜻한 마음 전달하기) 형용사 구문
67	**have a talk** (대화 상황을 자연스럽게 묘사하기) 숙어 (idiom)	76	**keep on -ing** (중단없이 지속적인 상황을 말할 때) 구동사/ 동명사
		77	**put on** (여러가지 뜻 모두 알기) 구동사

SENTENCE BUILDING MISSION 5 양, 수, 시간, 공간을 정확하게 표현할 수 있어?

78	**a little** (조금, 약간을 표현하기) 전치사구 / 의문사절	83	**one of the** (부분과 전체의 관계 표현하기) 한정사, 수량표현
79	**as big as** (동등한 크기를 설명하기) 원급 비교 구문	84	**one of those** (특정 부류 중 하나 표현하기) 수일치 1
80	**be full of** (넘쳐나는 상태를 설명하기) 관용적 구문	85	**some of** (일부 표현하기) 부분 수량표현
81	**It is time to +** (적절한 시기 말하기) 가주어, to 부정사	86	**none of us** (특정 인원중 아무도 없다는 것을 표현하기) 부정 수량표현
82	**As the days went by** (시간의 흐름 묘사하기) 부사절 (접속사 as + 절)	87	**a third of** (분수 표현하기) 부분 수량 표현

88	**It takes +** (필요한 시간/노력/비용 설명하기) 가주어	**95**	**almost every** (거의 모든 것들 표현하기) 부사 + 형용사
89	**wait until** (기다림을 표현하기) 시간 부사절	**96**	**in the lower part of** (공간적 위치 묘사하기) 전치사구
90	**some of the time** (시간 중 일부분 표현하기) 부분 한정사	**97**	**come in from** (사물의 이동 방향 설명하기) 구동사
91	**most of their time** (시간 중 대부분 표현하기) 부분 한정사	**98**	**was there** (존재했던 정확한 위치까지 설명하기) 전치사 넣기
92	**time/ times** (두 단어의 차이를 확실히 알기) 셀 수 없는 명사 / 셀 수 있는 명사	**99**	**all the way** (공간적 지속성 강조하기) 부사구
93	**time 총정리 (time**이 들어간 모든 말 정확히 쓰기) 시간 관련 표현	**100**	**전치사 (1)** (구체적으로 생생하게 표현하기) 방향 경로 전치사
94	**in advance** (미리하는 계획, 준비 표현하기) 부사구		

100개의 재료로
문장을 만드는 능력을 키워라!

영어 글쓰기 도약
GREEN, ORANGE
BOOK에서 또 만나요!

단 한개의 단어로 문장 만들어보기

1 샤론샤인 정기구독

2 글쓰기 도약 BLUE 챌린지

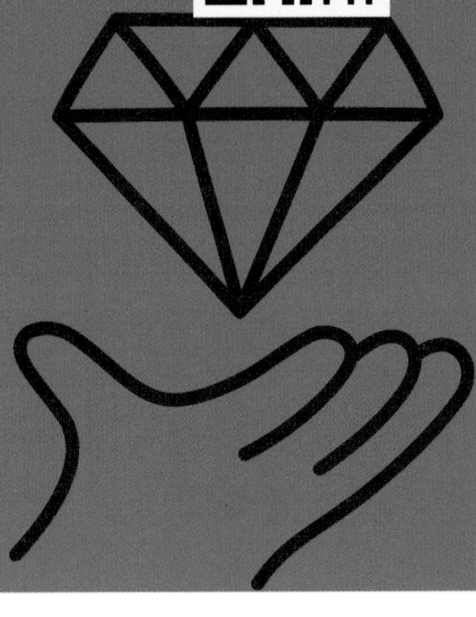

동네 학원 대신, 97% 저렴한 챌린지에 참여해 보세요.

한 장씩 풀고 사진찍어 올리면 샤론쌤이 직접 첨삭해줘요.

became

1

상태 변화를 표현하기

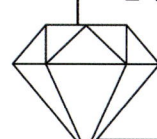

원서에서 찾은 보석

The room **became** warm again.
(16, Chapter 1)

from Owl at Home

STEP 1 BUILDING (구조 공부)

여기에서는 과거형으로 연습할 거예요!

BECOME - BECAME - BECOME
현재   과거   과거분사

주어 + became + 명사   신분, 상태가 바뀔 때

주어를 넣어보세요.

- _____ became a better person
- _____ became a teacher
- _____ became a great artist
- _____ became a doctor
- _____ became a problem
- _____ became a butterfly
- _____ became best friends
- _____ became a fact
- _____ became a writer
- _____ became a leader
- _____ became a chef

주어 + became + 형용사   상태, 외관, 감정의 변화

주어를 넣어보세요.

- _____ became tired
- _____ became angry
- _____ became cold
- _____ became poor
- _____ became sick
- _____ became nervous
- _____ became strong
- _____ became clear
- _____ became dark
- _____ became quiet
- _____ became serious

STEP 2 QUIZ

비판적 사고 (의문점 제시)

become clear의 주체는 사람? 사물?
다음중 어법에 맞는 문장은?

I became clear.   (O / X)

It became clear.   (O / X)

STEP 3 ACTIVATION (실전 글쓰기)

다양하게 문장을 시작해 보는 훈련입니다. (시제 변형)

1) I want to _____.

2) It _____.

3) He will never _____.

4) It almost never _____.

5) I am _____.

2. upstairs

층을 표현하는 방법

장소, 위치 설명하기

> 원서에서 찾은 보석
>
> Owl's house had **an upstairs** and **a downstairs**.
> (41, Chapter 4)
>
> *from Owl at Home*

STEP 1 BUILDING (구조 공부)

A two-story house

한국어로 '층'의 개념은 영어로 story라고 해요.
A three-story house
A five-story building

stairs 계단 (명사)

downstairs = 1st floor
아랫층 (명사)

위에서 봤을 때 아래로 향하는 방향의 개념에서 셀 수 있는 층의 개념이 아니라 하나의 공간의 개념입니다.

위, 아래 둘 만 있는 경우 / 둘 이상의 층이 있는 경우

upstairs = 2nd floor
윗층 (명사)

아랫층에서 봤을 때 위로 향하는 방향의 개념에서 셀 수 있는 층의 개념이 아니라 공간의 개념입니다.

① upstairs / downstairs — 부사 (adverb)

Come **upstairs**.
윗층으로 올라와.

Go **downstairs**.
아랫층으로 내려가.

I'll wait for you **downstairs**.
아랫층에서 기다릴게.

② upstairs / downstairs — 명사 (noun)

I have **an upstairs**.
나는 윗층이 있어요. (내 집 공간 안에 윗층이 있는 구조라는 뜻. 즉, 집이 2층짜리라는 말)

I don't have **an upstairs**.
나는 윗층이 없어요. (집이 이층집이 아니라는 말)

We're renovating **our upstairs**.
우리는 윗층 인테리어 공사 중입니다.

MY DREAM HOUSE

장소, 위치 설명하기

3 upstairs / downstairs 형용사처럼 쓰일 때 (adjective)

The **upstairs** bedrooms get a lot of sunlight.
윗층 침실들은 햇빛이 많이 들어온다.

Kids sleep in the **upstairs** bedrooms.
아이들은 윗층 침실에서 자요.

The **downstairs** kitchen has a beautiful view of the garden.
아래층 주방에서는 정원 뷰가 엄청 이쁘다.

4 stairs 명사처럼 쓰일 때 (noun)

The **stairs** are steep.
계단이 가팔라요. (steep : 가파른 Adj.)

She slipped on the **stairs**.
그녀는 계단에서 미끄러졌다.

Come down the **stairs**.
아래층으로 내려 와.

She ran up the **stairs**.
그녀는 계단을 뛰어 올라갔다.

stairs는 명사로 생각하고 있는 상태에서 그곳으로 걸어가는지, 뛰어가는지, 미끄러져 가는지 동사를 바꿔 사용해 보세요.
예) go down the stairs
    walk up the stairs
    jump down the stairs
    slide down the stairs
    run up the stairs

STEP 2 ACTIVATION

층에 관련된 문장을 만들어 보세요. 다음 단어가 들어간 문장을 만들어 보세요.

1. upstairs 명사로 사용 _____

2. downstairs 부사로 사용 _____

3. story 사용 _____

4. floor 사용 _____

5. stairs 사용 _____

3 miss
동사 뽀개기

한 단어, 여러 뜻

원서에서 찾은 보석

I am always **missing** one place or the other.
(42, Chapter 4)

from Owl at Home

이 문장은 miss의 다섯 가지 뜻 중 어느 것일까요? 해석해 보세요!

STEP 1 BUILDING (구조 공부 및 확장)

Write and Say : "miss"를 넣어 문장을 완성하세요. 적으면서 읽어요!

1 그리워 하다   사람, 시간, 장소 등

I _____ you.   나 너 보고 싶어. (못 만나고 있음)
I _____ed you.   나 너 보고 싶었어. (지금 막 만났음)
I've _____ed you.   나 너 쭉 보고 싶었어. (지금 막 만났음)
I _____ my hometown.   나는 내 고향이 지금 그리워.
I _____ the old days.   나는 그 시절이 그리워.
Did you _____ me?   너 나 보고 싶었어?

> 오랜만에 만났을 때는 이게 가장 많이 쓰입니다!

2 목표물을 빗나감   총알, 공 등

It _____ed the target.   그것은 목표물을 못 맞혔다.
The ball _____ed her by inches.   공은 그녀(목표물)을 가까스로 빗나갔다.
He _____ed the goal.   그는 골을 못 넣었다. (의도적인 목표물 도달에 실패함)

미리보는 어법 오답노트

내가 무언가를 피했다'라고 표현 할 때 miss를 사용한다면, 주체를 '나'로 설정하지 마세요.

I missed the bullet. (x)
내가 총알을 맞추려고 했었다. 말이 안 됨.

The bullet missed me. (o)
총알이 나를 못 맞힌 것임. 즉, 내가 피한 것.

I로 설정하고 싶다면 dodge, avoid등의 단어가 더 적절합니다.

I missed the target. (o)
내가 목표물을 겨냥해서 쐈는데 빗나감. 이건 말이 되죠?

I missed the bullet. (x)
내가 총알을 겨냥해서 총알을 향해 쐈는데 빗나감. 이건 말이 안 되죠?

그 차이입니다.

3 아쉽다, 섭섭하다   못 만나 아쉬움

I _____ed you at the conference.   컨퍼런스에서 못 봐서 아쉬웠어.
I _____ed you at the meeting.   회의에서 못 봐서 아쉬웠어.
I _____ed you at lunch today.   점심에서 못 봐서 아쉬웠어.
I _____ed you in class today.   수업에서 못 봐서 아쉬웠어.

3

한 단어, 여러 뜻

4 놓치다
버스, 기회, 시도 등

I _____ed the bus this morning. 오늘 아침에 버스를 놓쳤어.
She _____ed the deadline. 그녀는 마감일을 놓쳤다.
We _____ed the beginning. 우리는 시작 부분을 놓쳤어.
He _____ed the opportunity. 그는 기회를 놓쳤어.
I _____ed your call earlier. 아까 네 전화를 못 받았어. (놓쳤어.)
He _____ed the shot. 그는 슛을 놓쳤다. (슛을 했지만 득점하지 못함)

미세한 어감차이

He missed the goal.
목표물 중심 시점
He missed the shot.
슛을 한 행동 시점

5 문제를 틀리다
시험문제, 요점 등

I _____ed two questions on the test. 나는 시험에서 문제 두 개를 틀렸어.
She only _____ed one question. 그녀는 문제 하나만 틀렸어.
How many questions did you _____? 너는 몇 문제 틀렸어?
I can't believe I _____ed that easy question. 그렇게 쉬운 문제를 틀리다니 믿을 수가 없어!
You _____ed the point. 넌 요점을 놓쳤어.
You're _____ing the point here. 너 지금 요점을 놓치고 있어. (지금, 여기서 이런 뜻이예요)

STEP 2 ACTIVATION

다섯가지 뜻의 miss를 사용해 정확히 모두 써 보세요. 위에서 골라 내가 가장 유용하게 쓸 말로 담아요!

1 _____.

2 _____.

3 _____.

4 _____.

5 _____.

내가 평소에 많이
쓰는 말로
외워 두는 것이
가장 효과적입니다!

4 make
make + Object + Verb
사역동사

사역동사와 친해지기

원서에서 찾은 보석

It **made** the window shades **flap** and **shiver**. (13, Chapter 1)

from Owl at Home

STEP 1 BUILDING (구조 확장)

누구로 하여금 어떤 행동을 하게 만든다는 의미입니다.

make + someone + do(동사 원형) (+ something)

기본형 — Please highlight!

It **makes** me **laugh**.
It **made** the dog bark.
It **made** the baby cry.
It **made** us jump.
It **made** me wonder.
It **made** my head hurt.

It **makes** me feel safe.
It **made** me feel better.
It **made** the door open.
It **made** him work harder.
It **made** them agree.
It **made** me forget.

대표적인 사역동사 TRIO
- **make** ~하게 만들다
- **have** ~하게 하다 (가장 중립적)
- **let** ~하게 허락하다

똑같은 make를 사용해도 뒤에 어떤 말로 연결을 시키느냐에 따라 문장이 고급스러워집니다. make는 어려운 동사가 생각이 나지 않을 때 간단한 표현을 하게 하기에 좋아요.

STEP 2 QUIZ

미리보는 오답노트 일단 써 보면 막히는 곳이 나옵니다.

It made me to realize. (x)
→ _____ (o)

I made me realize. (x)
→ _____ (o)

'I'가 주어라면 '나 자신'이 목적어일 때는 myself를 씁니다.

수준별 영작 보기 예
- It made many people jump because they were happy. (유치부)
- It made many people happy. (저학년 수준)
- It made many people jump with joy. (고학년 수준)
- It brought joy to many people. (고학년 수준)
- It left many people feeling delighted. (고등학교 수준)
- It brightened the day for many. (고등학교 수준)
- It uplifted countless individuals. (대학교 수준)

한국어로 찾아 공부해 보세요.

STEP 3 ACTIVATION (실전 글쓰기)

영작 하세요: 그것은 물이 튀고 사방으로 쏟아지게 만들었다.

1. It _____ the water _____ and spill everywhere.

스스로 만들어 보세요.

2. It _____ my body _____.

3. It _____.

만들어서 외워요!

© 2025 Sharonshine BOOKGEMS. All rights reserved.

make
make + Object + Adjective
사역동사

사역동사와 친해지기

원서에서 찾은 보석

It always **makes** me **unhappy**.
(___, Chapter 4 The Letter)

from Frog and Toad Are Friends

STEP 1 BUILDING (구조 확장)

누구로 하여금 어떤 상태 (감정)로 만든다는 의미입니다.

make + someone + 형용사

기본형 *Please highlight!*

It **makes** me **happy**.
It **made** my head clear.
It **made** the ground wet.
It **made** me strong.
It **made** me stronger.

It **made** her successful.
It **made** everyone comfortable.
It **made** the room bright.
It **made** me more resilient.
It **made** me more confident.

대표적인 사역동사 TRIO
make ~하게 만들다
have ~하게 하다 (가장 중립적)
let ~하게 허락하다

STEP 2 QUIZ

미리보는 오답노트   일단 써 보면 막히는 곳이 나옵니다.

It made me be successful (x)
→ _____ (o)

It made me to be tired. (x)
→ _____ (o)

어법에 맞는 문장으로 바꾸어 적으세요.

make someone + 동사
make someone + 형용사

이 두 개의 구조가
앞으로 긴 문장도 자유자재로
구사하게 만드는
뼈대가 될 거예요.

STEP 3 ACTIVATION (실전 글쓰기)

영작하세요: 그것은 우리를 더 불안하게 만들었다.

1. It _____ us _____.

스스로 만들어 보세요.

2. It _____.

3. It _____.

만들어서 외워요!

5 both

"둘 다"와 친해지기

원서에서 찾은 보석

I can be in **both** places at once.
(43, Chapter 4)

from Owl at Home

STEP 1 BUILDING (구조 공부 및 확장)

of를 꼭 붙여야 하는 단어는 us, them, you! 이 셋만 기억하세요!

1 **both** + 명사 (복수형)

_____ **John and Mary** like pizza.

이렇게 누구 누구 이름을 붙여, "누구 누구 둘 다"라고 할 때에는 of를 붙이지 않아요!

2 **both of** + 목적격 인칭 대명사 중에 복수형

_____ **of you** need to go.
_____ **of us** went.
_____ **of them** looked at me.

강조 포인트: these   강조 포인트: great

Both these (things생략가능) are great. = Both of these are great. = These are both great.
Both books are interesting. = Both of the books are interesting.
Both my friends are coming. = Both of my friends are coming.
Both my parents are teachers. = Both of my parents are teachers.
Both answers are correct. = Both of the answers are correct.

대부분은 둘 다 성립 가능합니다!

of 바로 us, them, you 로 연결하거나 of the, of 소유격으로 연결하지 않으면 틀린 말!

| Both hands (o) | Both the hands (o) | Both of your hands (o) | Both of hands (x) |

3 목적어로 사용하는 **both**

We invited them _____.
I like them _____.
You can take _____.

4 동사 앞에넣는 **both**

We _____ like music.
They _____ know the answer.
We _____ enjoyed the movie.

STEP 2 ACTIVATION

네 가지 both의 사용법, 이제 직접 써 보고 내 것으로 만들어요! 꼭 외워두세요.

1 _____.
2 _____.
3 _____.
4 _____.

Both hands, please!

bumps

명사 확장법

명사를 수식하는 다양한 방법들

6

원서에서 찾은 보석

two **bumps**
those strange **bumps**
those two strange **bumps**
the **bump** on the right
one of those **bumps**
the **bump** on the left
the other **bump**
the same two **bumps**

from Owl at Home

(19, 21, 22, 24, Chapter 2)

STEP 1 BUILDING (구조 공부)

여기서 나온 구조를 열 가지로 확장해서 만드는 연습을 합시다.

기본 세트 : 뜻을 완전히 소화하세요.

단어 대체하기 : 여러 명사를 넣어 맹연습!

1 one **bird**
2 another **bird**
3 the other **bird**
4 two **birds**
5 those beautiful **birds**
6 those two beautiful **birds**
7 the **birds** on the right
8 the **birds** on the left
9 one of those **birds**
10 the same two **birds**

one _____명사_____
another _____명사_____
the other _____명사_____
two __숫자__ __명사__
those __형용사__ __명사__
those two __숫자__ __형용사__ __명사__
the __명사__ on the right
the __명사__ on the left
one of those __명사__
the same two __명사__

STEP 2 ACTIVATION

짧은 이야기를 만들어 봅시다. 위의 구조에서 적어도 5개를 사용하세요.

_____

_____

_____

_____

1 with ~
전치사 사용법

정보를 추가할 때

원서에서 찾은 보석
from Owl at Home

chairs **with** broken legs
(32, Chapter 3)

STEP 1 BUILDING (구조 공부)

with를 사용하는 목적을 적어 보세요.
_____

① with ~와 함께
with 바로 앞의 명사에 색칠하세요.

I went to the park with my friends.
He is living with his grandparents.
She traveled with a group of friends.

유형대로 빈칸에 적어 보세요.

I had lunch with _____
　　　　　　　　　　직장 동료들이랑
I went shopping with _____
　　　　　　　　　　　엄마랑

② with 사용해서

I cut the paper with scissors.
He opened the can with a knife.

They tied the box with _____
　　　　　　　　　　　줄(노끈)으로
She brushed her hair with _____
　　　　　　　　　　　　　빗으로

③ with 상태, 특징

A man with a beard
A man with a beard came to the shop.

A child with curly hair
A child with curly hair smiled at me.

The room with large windows
The room with large windows will be mine.

A girl with _____ sang beautifully.
　　　　　파란 눈을 가진 소녀
A boy with a _____ waited at
the bus stop.　가방을 가지고 있는 소년

A car with _____ passed by.
　　　　　썬팅된 창문이 있는 차
　　　　　(썬팅이 된 차)

✷ 본문에 있는 chairs with broken legs도 3) 상태, 특징에 속합니다.

정보를 추가할 때

④ with ~한 태도로

She answered with patience.
She spoke with confidence.
He looked at me with a funny look.

She listened with great _____.
큰 관심을 가지고
He replied with _____.
머뭇거리며

⑤ with 조건, 상황   이 경우는 도치가 가능해요~!

You will improve with time. (o)
= With time, you will improve. (o)

We need a solution with this problem. (o)
= With this problem, we need a solution. (o)

With your _____, we can succeed.
당신이 응원해준다면

The trip will be perfect with _____.
날씨가 좋으면

STEP 2 ACTIVATION

위의 다섯 가지 유형중에 5번을 집중적으로 연습해 보겠습니다. 5번이 도치가 가능해 정말 유용하지만 한국사람한테는 만들기가 어려운 문장이거든요.

모두 도치해서 연습해 보세요.
(도치는 한자로 倒置, 앞 뒤 순서를 바꾼다는 뜻입니다.)

⑤-1
With that attitude, you _____.
With patience, anything is _____.
With your talent, you can _____.
With proper care, this plant _____.

⑤-2
Clocks have _____ with no one to wind them up.
멈췄다
The children _____ with nothing to do.
기다렸다
She _____ there with no one to talk to.
서있었다
He was _____ alone with no one to help him.
혼자 남겨졌다

8 must

조동사 사용법

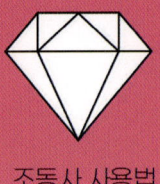

원서에서 찾은 보석

"There **must** be a way," said Owl, (42, Chapter 4)

from Owl at Home

STEP 1 BUILDING (구조 공부)

must + 동사

1 꼭 해야 한다   의무 / 필수

You _____ do it.   너는 그걸 꼭 해야 해.
You _____ wear a seatbelt.   안전벨트를 반드시 매야 해.
All passengers _____ wear seatbelts.   모든 승객은 안전벨트를 착용해야 합니다.
All visitors _____ sign in at reception.   모든 방문객은 접수처에서 등록해야 합니다.

2 절대 하지 말아야 한다   금지

You _____ _____ do it.   너는 그걸 하면 안 돼.
You _____ _____ smoke here.   여기서 담배 피우면 안 돼.
You _____ _____ enter here.   여기로 들어오면 안 돼.

✱ "아무도 들어올 수 없다"의 의미로 No one으로 문장을 시작하고 싶다면,

No one must enter here. (x) 이상합니다.
No one may enter here. (O) 이렇게 써야 합니다.

조동사 사용법

8

③ 분명 ~할 거야.
강한 추측 (현재)

You _____ be tired.   너 피곤하겠구나. (피곤할 게 분명해)
She _____ be tired.   그녀는 피곤할 거야. (그럴 만한 이유가 있어 보여)
You _____ know him.   너는 그를 알고 있을 거야. (분명히 알고 있겠지)
He _____ be on his way now.   그는 지금 오는 중일 거야. (그래야 말이 돼)
You _____ love your job.   너는 네 일을 정말 좋아하는 게 틀림없어.

④ 분명 ~ 했을 거야.
강한 추측 (과거)

He _____ have forgotten.   그는 까먹었을 거야.
I _____ have misunderstood.   내가 오해했나 봐.
They _____ have left already.   그들은 이미 떠난 게 틀림없어.
You _____ have seen this before.   너 이거 전에 본 적 있을 거야.
It _____ have rained last night.   어젯밤에 비가 왔던 게 분명해.

STEP 2 ACTIVATION

바로 나올 수 있도록 적고, 외우고 연습하세요!

꼭 해야 해.
_____

절대 하지 말아야 해.
_____

분명 ~할 거야.
_____

분명 ~했을거야.
_____

문장은 직접 만들어 봐야 합니다
주어가 뭔지 스스로 결정해 보세요!

9 even

부사의 변형력

원서에서 찾은 보석

I must run **even** faster. (45, Chapter 4)

from Owl at Home

STEP 1 BUILDING (구조 공부)

even 앞 뒤에 어떤 말의 패턴이 있는지를 익히는 것이 중요해요. 패턴을 분석하고, 앞뒤의 말에 색칠하고 문장을 하나씩 만들어 보세요.

1 even + ___   훨씬 더

This book is **even** better.
She runs _____ faster.
It's _____ colder today.

내가 만든 문장
_____.
해석:

2 ___ + even   심지어 ~조차도 안 할 때

She didn't **even** say goodbye.
He can't _____ swim.
I don't _____ know her name.

내가 만든 문장
_____.
해석:

3 even + ___   심지어 누구도 (주어)

Even my little brother can solve this puzzle.
_____ my teacher was surprised.
_____ a child understands this concept.

내가 만든 문장
_____.
해석:

4 even ___   설령 ~일 지라도

I'll go **even** if it rains.
_____ if you don't like it, you should try.
He helps me _____ if he's busy.

내가 만든 문장
_____.
해석:

plans

10

비슷한 단어, 다른 뜻

원서에서 찾은 보석

The spider, however, stayed wide awake, gazing affectionately at him and making **plans** for his future.
(67, Chapter 10)

from Charlotte's Web

STEP 1 BUILDING (구조 공부)

"약속"이라는 의미에서는 단 하나의 약속이라도 'plans'라고 쓰는 것이 더 일반적입니다.

a plan
계획

하나의 큰 아이디어,
구체적인 한 가지

I have **a plan** to study abroad.
(나는 유학할 계획이 있다.)

She has **a** _____ to save money.
그녀는 돈을 모을 계획이 있다.

He has **a**_____ to start his own business.
그는 자신의 사업을 시작할 계획이 있다.

My _____ is to finish this before Friday.
내 계획은 이것을 금요일 전에 끝내는 것이다.

CHARLOTTE HAD **A BIG PLAN** TO HELP WILBUR.
해석:

plans
일정

여러 활동이나 작은 일정들의 묶음,
누군가와의 약속, 외출

She has **plans** for the weekend.
그녀는 주말에 약속(일정)이 있다.

I canceled **my weekend** _____.
나는 주말 약속(일정)을 취소했다.

Let me check **my** _____ for tomorrow.
내일 내 일정을 확인해볼게.

We have **big** _____ for the holidays.
우리는 연휴에 큰 일정들이 있다.

CHARLOTTE HAD **BIG PLANS** TO HELP WILBUR.
해석:

STEP 2 ACTIVATION

plan, plans 각각의 문장을 만들어 보세요.

1. _____.

2. _____.

11 over

한 단어, 여러 뜻

원서에서 찾은 보석

Lunch would **be over** at one.
(26, Chapter 4)

from Charlotte's Web

STEP 1 BUILDING (구조 공부)

OVER의 **8가지 뜻**을 공부해 봅시다.

❶ 위치를 넘는 over POSITION/MOVEMENT AND COVERAGE

The airplane flew _____ the city.

They walked _____ the bridge.

"OVER" DESCRIBING LOCATION, DIRECTION, OR PHYSICAL MOVEMENT

❷ 시간의 over TIME AND DURATION

We discussed the project _____ lunch.

He stayed with us _____ the summer.

"OVER" REFERRING TO A PERIOD OF TIME OR HAPPENING DURING A TIME FRAME

1번 뜻에 맞게 문장을 만들어 보세요. x2

1) _____.

2) _____
_____.

2번 뜻에 맞게 문장을 만들어 보세요. x2

1) _____.

2) _____
_____.

❸ 완성, 결말의 over COMPLETION AND CONCLUSION

The game is _____ now.

Their relationship was _____ after five years.

"OVER" MEANING SOMETHING HAS ENDED OR IS NO LONGER HAPPENING

❹ ~에 대해서의 over CONTROL, INFLUENCE AND CONCERN

He has power _____ his employees.

Parents worry _____ their children's future.

"OVER" INDICATING AUTHORITY, WORRY, OR INFLUENCE

3번 뜻에 맞게 문장을 만들어 보세요. x2

1) _____.

2) _____
_____.

4번 뜻에 맞게 문장을 만들어 보세요. x2

1) _____.

2) _____
_____.

한 단어, 여러 뜻

❺ 양과 숫자를 넘는 over — QUANTITY AND EXCESS

She spent _____ $100 on books.

There were _____ 500 people at the concert.

"OVER" MEANING EXCEEDING A LIMIT OR MORE THAN SOMETHING

5번 뜻에 맞게 문장을 만들어 보세요. x2

1) _____.

2) _____.

❻ 선택의 over — PREFERENCE AND CHOICE

I'd choose coffee _____ tea any day.

She picked the red dress _____ the blue one.

"OVER" INDICATING PREFERENCE OR CHOOSING ONE OPTION OVER ANOTHER

6번 뜻에 맞게 문장을 만들어 보세요. x2

1) _____.

2) _____.

❼ 원인과 마찰의 over — COMPLETION AND CONCLUSION

They fought _____ a small misunderstanding.

She cried _____ the bad news.

"OVER" MEANING BECAUSE OF OR AS A RESULT OF SOMETHING

7번 뜻에 맞게 문장을 만들어 보세요. x2

1) _____.

2) _____.

❽ 반복의 over — REPETITION AND REVIEW

Let's go _____ your essay one more time.

He kept practicing the song _____ again.

"OVER" MEANING REVIEWING, REPEATING, OR DOING SOMETHING MULTIPLE TIMES

8번 뜻에 맞게 문장을 만들어 보세요. x2

1) _____.

2) _____.

STEP 2 ACTIVATION

8가지 뜻을 구분해 보세요.

1. Come **over** to my house. ____
2. The storm is finally **over**. ____
3. Read the essay **over** before submitting it. ____
4. We talked **over** lunch. ____
5. He jumped **over** the fence. ____
6. I prefer donuts **over** muffins. ____
7. They argued **over** a small issue. ____
8. The show is **over**. ____
9. I went **over** my budget. ____

'**over there**'은 또 다른 뜻이에요. "저기, 저곳으로"의 뜻으로 특정 장소나 방향을 가리킬 때 사용됩니다.

"**run someone over**"이란 말도 있어요. "누구를 차로 치이게 하다"예요.

12 everyone / every one

비슷한 단어, 미세한 차이

원서에서 찾은 보석

Everyone watched him, for he was not well liked, not trusted. (45, Chapter 6)

"I am sure," she said, "that **every one** of us here will be gratified to learn that after four weeks of unremitting effort and patience on the pan of our friend the goose, she now has something to show for it. (44, Chapter 6)

from Charlotte's Web

STEP 1 BUILDING

everyone: 대명사로 모든 사람이라는 뜻입니다.

Everyone 다음에 어떤 동사가 오는지 표시하고 각 문장을 해석해 보세요.
1. Everyone is excited about the trip.
2. _____ should do their best.
3. _____ was invited to the party.
4. _____ has their own opinion.

Everyone은 문법적으로 단수명사입니다~!

every one: 각각, 모든 개별 요소를 말합니다.

every one 다음에 어떤 말이 오는지 표시하고 각 문장을 해석해 보세요.
1. Every one of the students passed the test.
2. I want to thank _____ one of you for your support.
3. Every _____ of these apples is fresh.
4. He opened _____ of the gifts carefully.

Every one을 강조할 때는 Every single one!
위의 문장에 모두 single을 넣어보세요!

여기 있는 풍선들 하나도 빠짐없이 모두 다 네꺼야!

여기에 어떤 be동사가 들어갈까요? (is / are)

Every single one of the balloons _____ yours!

STEP 2 ACTIVATION

Everyone으로 문장을 만들어 보세요.

1) _____.

Every one으로 문장을 만들어 보세요.

2) _____.

answer

한 단어, 여러 역할

한 단어가 여러 품사 일 때

13

원서에서 찾은 보석

The moon did not **answer**, but...
(54, Chapter 5)

from Owl at Home

STEP 1 BUILDING (구조 공부)

answer (As a noun)

① I don't know the **answer**.
② She gave the wrong _____.
③ His _____ made everyone laugh.
④ Please write your _____ on the line.
⑤ That's the best _____ I've heard all day.

ANSWER 앞에는 항상 소유격 또는 THE가 옵니다. ANSWER 앞에 있는 소유격, THE에 색칠하세요.

answer (As a verb)

① Please **answer** the question.
② He didn't _____ the phone.
③ Can you _____ me now?
④ She _____ed with a smile.
⑤ I tried to _____ as best I could.

answer the phone의 뜻은?

1) 전화를 받다
2) 전화통화 하다

네. 맞아요. 전화를 받는 거예요. 통화를 했을 수도 있고 안 했을 수도 있어요. 전화를 받는 것까지입니다.

STEP 2 ACTIVATION

그녀는 질문에 대답하지 않았어.
_____.

그는 전화를 안 받네.
_____.

선생님이 정답을 알려주셨어.
_____.

자유문장:

_____.

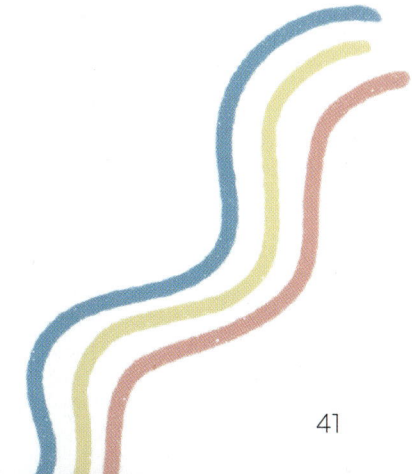

14 fine

한 단어가 여러 품사 일 때

한 단어, 여러 뜻

원서에서 찾은 보석

But you must stay up over the sea where you look so **fine**. (56, Chapter 5)

from Owl at Home

네 가지 fine의 사용법을 살펴보고 특징을 분석해 보세요.

STEP 1 BUILD (구조 공부 및 확장)

1 fine 형용사 — 뜻: 훌륭한, 괜찮은, 좋은, 가는, 섬세한

I'm **fine**, thank you.
That's **fine**.
That's a _____ idea.
I feel _____ now.
_____ dining
_____ dust

> 샤론쌤 꿀팁
> FINE은 아주 훌륭하거나 그냥 쫌 괜찮은 정도이거나, 둘 다 되는 신기한 형용사예요.

2 fine 명사 — 뜻: 벌금

Pay **a fine**.
There is a _____.
They'll charge _____.
She received __ heavy _____.

3 fine 동사 — 뜻: 벌금을 부과하다

He was **fine**d for speeding.
They _____d him for littering.
The company was _____d $10,000.

4 fine 부사 — 뜻: 괜찮게, 잘

It went **fine**.
Everything is going _____.
I did _____ on the test.
It worked out _____.

STEP 2 ACTIVATION

이제 직접 써 보고 내 것으로 만들어요! 꼭 외워두세요.

1 _____ 뜻:
2 _____ 뜻:
3 _____ 뜻:
4 _____ 뜻:

> **샤론쌤 꿀팁**
>
> **Fine!**
> 한 마디를 대답으로 사용할 때는 "좋아" 보다는 "됐어!"의 느낌이에요!
>
> **That's fine.**
>
> 이라고 대답하면 막 좋아요 보다는 "난 괜찮아요"의 느낌이에요.
>
> **합성어도 살펴봅시다.**
> **fine-tune** 미세 조정하다, 조율하다
> **define** 정의하다, 뜻을 명확히 하다
> **refine** 정제하다, 개선하다

한 단어, 여러 뜻

right

한 단어가 여러 품사 일 때

15

원서에서 찾은 보석

a place that was **right** in the middle (49, Chapter 4)

There was the moon coming **right** along with him. (57, Chapter 5)

from Owl at Home

본문의 이 두 문장도 아래의 분류에서 찾아 보세요.

STEP 1 BUILD (구조 공부)

❶ right 형용사

1) 맞는, 올바른 correct, true, or morally good
2) 알맞은, 적절한 appropriate, suitable
3) 오른쪽의 (opposite of left)
4) 건강한, 정상적인, 제정신인 normal or healthy

❷ right 부사

1) 바로, 정확히 exactly, precisely
2) 곧바로, 즉시 immediately, directly
3) 제대로 (correctly, properly)
4) 완전히, 매우 (completely, thoroughly, very)

❸ right 명사

1) 권리, 정의 legal entitlement
2) 옳은 일 what is morally good
3) 오른쪽 the direction oppposite of left

STEP 2 ACTIVATION

Who gives you the right? (3-1) *이렇게 써 넣어요!*

That's the right answer. (   )

You came at just the right time. (   )

Something doesn't feel right about this. (   )

The car went right through the fence. (   )

Do the right thing. (   )

It's not right to lie. (   )

I'll call you right after the meeting. (   )

Do what's right for your family. (   )

On your right! (   )

I'll be there right away. (   )

It's on the right. (   )

Is this the right way? (   )

The ball hit me right on the head. (   )

Are you feeling all right today? (   )

My right foot hurts. (   )

I'll be there right away. (   )

Take the first right turn. (   )

Everyone has the right to express their opinion. (   )

You did that right. (   )

He lives right next door to me. (   )

Turn right at the second traffic light. (   )

Get it right! (   )

© 2025 Sharonshine BOOKGEMS. All rights reserved.

문장을 여는 글쓰기 재료로 문장 시작하기

1 샤론샤인 정기구독

동네 학원 대신, 97% 저렴한 챌린지에 참여해 보세요.

한 장씩 풀고 사진찍어 올리면 샤론쌤이 직접 첨삭해줘요.

2 글쓰기 도약 BLUE 챌린지

It was + noun + that

16

강조하기

원서에서 찾은 보석

It was on a day in early summer **that** the goose eggs hatched. (44, Chapter 6)

from Charlotte's Web

STEP 1 BUILDING (구조 공부) 강조하려고 하는 것 [네 가지 : _____ _____ _____ _____]

It was [emphasized part] **that** [rest of the sentence]

This structure is called a **cleft sentence**, and it's used to emphasize a specific part of a sentence.

---

① **It was** [사람] **that** [rest of the sentence]

원래 문장: John helped me yesterday.
강조 문장: **It was** John **that** helped me yesterday.

사람에 표시하세요.

② **It was** [시간] **that** [rest of the sentence]

원래 문장: I met her at the party last night.
강조 문장: **It was** last night **that** I met her at the party.

시간에 표시하세요.

사람을 강조하는 문장으로 바꿔보세요.

1) My brother gave me this watch.
→ It was _____ that gave me this watch.

2) Sarah baked the cake for my birthday.
→ It was _____ that _____ _____ for my birthday.

3) Emma designed the new company logo.
→ _____
_____

시간을 강조하는 문장으로 바꿔보세요.

1) We started the project in March.
→ It was _____ that we started the project.

2) They moved to New York two years ago.
→ It was _____ that _____ _____.

3) We celebrated our anniversary last weekend.
→ _____
_____

강조하기

❸ **It was** [장소] **that** [rest of the sentence]

원래 문장: She lost her phone in the park.
강조 문장: **It was** in the park **that** she lost her phone.

장소에 표시하세요.

❹ **It was** [이유] **that** [rest of the sentence]

원래 문장: She was late because of the traffic.
강조 문장: **It was** because of the traffic **that** she was late.

이유에 표시하세요.

장소를 강조하는 문장으로 바꿔보세요.

1) We took these photos on the beach.
→ It was _____ that we took these photos.

2) I first met him at the library.
→ It was _____ that I first met him.

3) We had dinner at a new Italian restaurant.

→ It was _____
that _____.

이유를 강조하는 문장으로 바꿔보세요.

1) They canceled the event due to bad weather.
→ It was _____ that they canceled the event.

2) He left because he was sick.
→ It was _____ that he left.

3) They chose this school because of its excellent teachers.
→ _____
_____.

STEP 2 ACTIVATION

Emma gave her assignment to the teacher in the library this morning because she forgot to do it last night.

It was Emma that ~

It was in the library that ~

It was this morning that ~

It was because she forgot to do it last night that ~

적는 대신에 말로 완성해 보세요! 말하기 짝꿍과 번갈아 가면서 연습해 보세요.

Now that +

분위기 전환하기

17

원서에서 찾은 보석

Now that school was over, Fern visited the barn almost every day, to sit quietly on her stool. (42, Chapter 6)

from Charlotte's Web

STEP 1 BUILDING (구조 공부)

Now that ~ 이제 ~ 했으니,

각 절마다 시제에 표시 하세요.

Now that the weather is warmer, we can go hiking more often.
Now that I have a job, I can start saving money.
Now that you've explained it, I understand the problem better.

STEP 2 ACTIVATION #1

Now that ~을 사용해 영작을 해 봅시다.

1) 이제 우리 모두 모였으니, 회의를 시작하자.
   → _____, let's start the meeting.

2) 지금 생각해 보니, 네 아이디어가 정말 말이 돼
   → _____, your idea makes a lot of sense.

3) 네가 말하니까 생각났는데, 나도 그를 한동안 못 본 것 같아.
   → _____, I haven't seen him in a while.

일상에서 정말 많이 쓰는 문장이예요. 모두 외워보세요!

STEP 3 ACTIVATION #2

문장 전체를 만들어 보세요.

1) _____.

2) _____.

3) _____.

18 Here she sat +
부사 + 주어 + 동사

특정 장소로
시선 이동하기

원서에서 찾은 보석

Here she sat quietly during the long afternoons, thinking and listening and watching Wilbur. (15, Chapter 3)

from Charlotte's Web

장소와 위치를 설명할 때 이렇게
한 문장으로 축약해서 말할 수 있어요.

STEP 1 BUILDING (구조 공부)

다른 점을 찾아 색칠 표시하세요.

장소를 앞에 놓으면
강조하는 문장으로
바뀌어요!
문장 구조의 변화를
스스로 분석해 적용해 보세요.

She stood there. She gazed at the ocean waves.
She stood here, gazing at the ocean waves.
Here she stood, gazing at the ocean waves.

She waited there. She hoped he would return with good news.

She waited there, _____ he would return with good news.

_____, hoping he would return with good news.

The birds sang everywhere. They welcomed the early morning light.

The birds sang everywhere, _____ the early morning light.

_____, welcoming the early morning light.

STEP 2 ACTIVATION

이 문장을 두 문장으로 쪼개어 보세요.

The old house stood. It was untouched by time.

_____

_____

마침표 잊지 마세요!

I will +

미래에 대해 말하는 법

의지, 계획하기

19

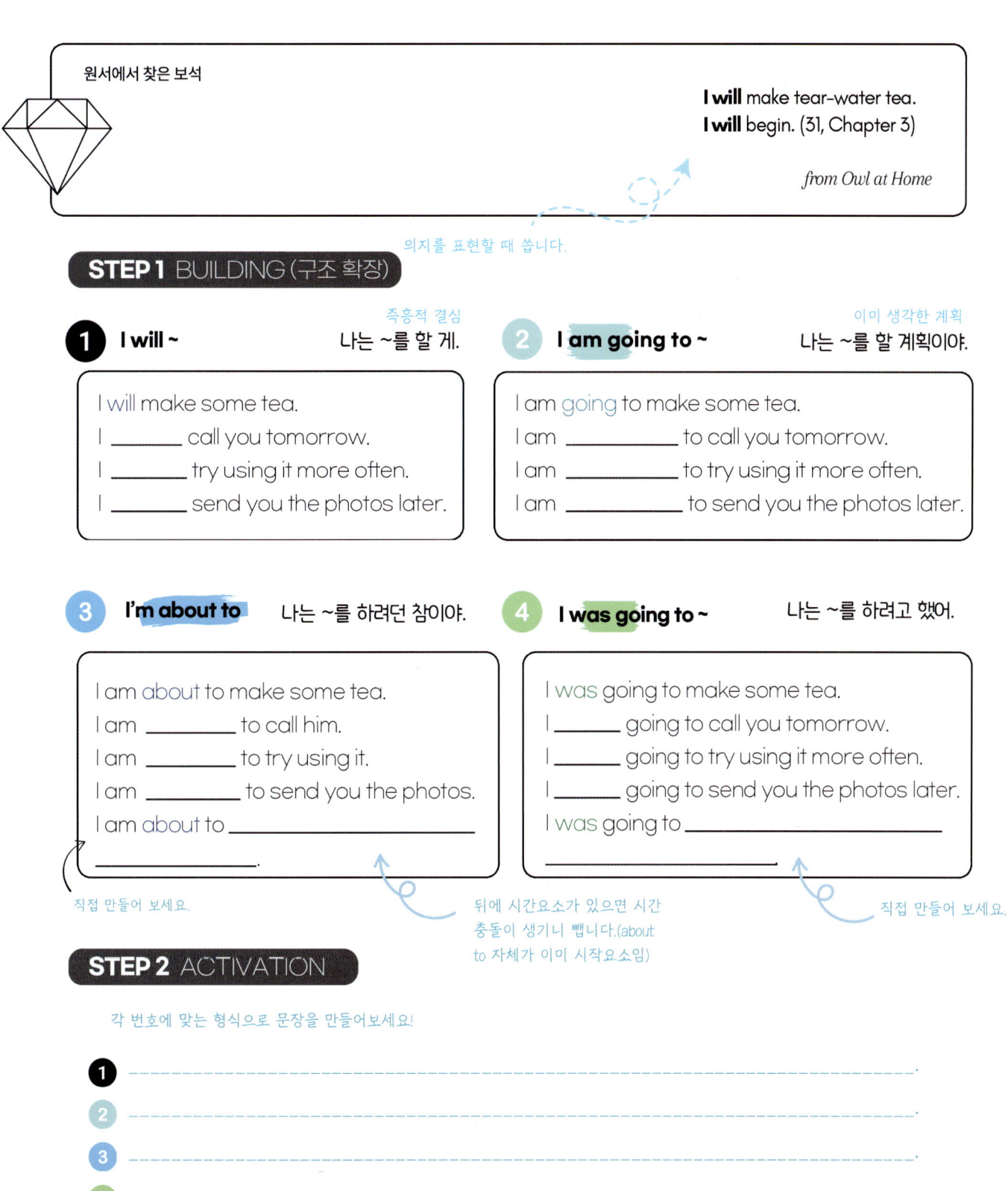

원서에서 찾은 보석

I **will** make tear-water tea.
I **will** begin. (31, Chapter 3)

from Owl at Home

의지를 표현할 때 씁니다.

STEP 1 BUILDING (구조 확장)

1 I will ~   즉흥적 결심   나는 ~를 할 게.

I will make some tea.
I _____ call you tomorrow.
I _____ try using it more often.
I _____ send you the photos later.

2 I am going to ~   이미 생각한 계획   나는 ~를 할 계획이야.

I am going to make some tea.
I am _____ to call you tomorrow.
I am _____ to try using it more often.
I am _____ to send you the photos later.

3 I'm about to   나는 ~를 하려던 참이야.

I am about to make some tea.
I am _____ to call him.
I am _____ to try using it.
I am _____ to send you the photos.
I am about to _____.

직접 만들어 보세요.

뒤에 시간요소가 있으면 시간 충돌이 생기니 뺍니다.(about to 자체가 이미 시작요소임)

4 I was going to ~   나는 ~를 하려고 했어.

I was going to make some tea.
I _____ going to call you tomorrow.
I _____ going to try using it more often.
I _____ going to send you the photos later.
I was going to _____.

직접 만들어 보세요.

STEP 2 ACTIVATION

각 번호에 맞는 형식으로 문장을 만들어보세요!

1 _____
2 _____
3 _____
4 _____

20 I wonder +

궁금, 호기심 표현하기

원서에서 찾은 보석

I **wonder how** my upstairs is? (42, Chapter 4)

from Owl at Home

STEP 1 BUILDING (구조 공부)

미리 보는 오답 노트
I wonder what time is it. (x)
I wonder what time it is. (o)

wonder what

I wonder what time the train will arrive.
I wonder what can be done now.
I wonder what happened.
I wonder what's in the box.

"무엇이"가 궁금할 때

I wonder what _____ _____.

I wonder what _____ _____.

wonder how

I wonder how birds can fly so high.
I wonder how he can do that so easily.
I wonder how you solved the problem.

"무엇이 어떻게"가 궁금할 때

I wonder how _____ _____.

I wonder how _____ _____.

wonder why

I wonder why the sky is blue.
I wonder why my phone isn't working.
I wonder why she didn't show up.

"왜"가 궁금할 때

I wonder why _____ _____.

I wonder why _____ _____.

I'm wondering 으로 모두 바꿔도 됩니다.
I'm wondering ~ 은 지금 당장 궁금할 때 쓰세요!
I wonder ~은 그냥 문득 궁금하다, 혼잣말 느낌 혹은 생각을 말할 때

20

궁금, 호기심 표현하기

wonder if

I **wonder if** it's going to rain today.
오늘 비가 올까?

I **wonder if** they can join us for dinner.
너 오늘 저녁에 우리랑 같이 할 수 있을까?

I **wonder if** this new strategy will work.
이 새 전략이 효과가 있을까?

I **wonder if** I left my keys at the office.
열쇠를 사무실에 두고 온 건 아닐까?

I **wonder if** she knows about the meeting.
그녀가 그 회의에 대해 알고 있을까?

"무엇일지" 가능성이 궁금할 때

I wonder if _____
_____.
혼자 궁금한 걸 말하는 질문, 혼잣말로도 사용함

I'm wondering if _____
_____.
상대방한테 물어볼 때, 대화를 시작하는 말

I was wondering if _____
_____.
정중한 요청, 부탁할 때, 전화로 물어볼 때, 비즈니스 상황

한국어 해석을 보면 물음표가 붙는 말이에요.
즉,
물음표를 붙이고 싶은 어떤 말을 혼잣말 처럼 할 때 영어로는 WONDER IF로 말하면 된다는 것이죠.

STEP 2 ACTIVATION

what, how, why, if, where, who 하나씩 넣어 말해 보세요.

[1] I wonder _____.

[2] I wonder _____.

[3] I wonder _____.

[4] I wonder _____.

[5] I wonder _____.

[6] I wonder _____.

[7] I'm wondering if _____.

[8] I was wondering if _____.

21 It is + adjective + to

날씨, 시간, 거리

상태 표현하기

> 원서에서 찾은 보석
>
> **It is** so cold and snowy outside. (5, Chapter 1)
>
> *from Owl at Home*

STEP 1 BUILDING (구조 공부)

각 정보에 색칠을 하세요. Highlight the part that provides the central idea.

시간
1. It is ten o'clock.
2. It is already midnight.
3. It is lunchtime now.
4. It is time to go to bed.
5. It is too early to wake up

거리
1. It is far.
2. It is a short walk to school.
3. It is five miles to the subway station.
4. It is not far from my house.
5. It is quite a distance to the mountain.

날씨
1. It is sunny today.
2. It is raining outside.
3. It is very cold this morning.
4. It is snowing heavily.
5. It is getting cloudy.

감정, 상태
1. It is good.
2. It is delicious.
3. It is fun.
4. It is boring.
5. It is amazing.

감정, 상태의 표현은 다른 chapter에서 더 확장해 볼거예요.

STEP 2 ACTIVATION (실전 글쓰기)

나만의 문장을 만들어 보세요.

1) 시간: _____
2) 거리: _____
3) 날씨: _____
4) 감정: _____

마침표 잊지 마세요!

It is time to +

시간 표현 확장형

22

적절한 시기 말하기

원서에서 찾은 보석

It is time to blow out the candle and go to sleep. (19, Chapter 2)

from Owl at Home

"~할 시간이야"라고 할 때 씁니다.

STEP 1 BUILDING (구조 공부)

1 It is time to +   ~할 시간이야. (기본형)

It's time to go.
It's time to study.
It's time to celebrate.
It's time to move on.

2 It is time for me to +   내가 ~할 시간이야. (확장형)

It's time _____ to go.
It's time _____ to study.
It's time _____ to celebrate.
It's time _____ to move on.

3 Now is the time to +

이제야 말로, 지금이야 말로 ~할 때야

_____ time to be bold.
_____ time to face the truth.
_____ time to show.
_____ time to take a break.

4 The time has come to +   ~할 시간이 이제야 왔어.

_____ time _____ to say goodbye.
_____ time _____ to make a change.
_____ time _____ to take responsibility.
_____ time _____ to let go of the past.

미리보는 오답노트

자주 틀릴 수 있으니 첫 단추를 올바르게 잘 채우세요!

- Time has come to . (x)
→ _____ (o)

- It's the time to go. (x)
→ _____ (o)

- Now is time to go. (x)
- → _____ (o)

STEP 2 ACTIVATION

각 번호에 맞는 형식으로 문장을 만들어보세요!

1 _____
2 _____
3 _____
4 _____

23 It takes
Part 1

시간, 노력, 비용 말하기

원서에서 찾은 보석

from Charlotte's Web

That takes real leg work. (56, Chapter 9)

"But do you know how long it **took** men **to** build it? Eight whole years. . (60, Chapter 9)

이 문장들은 아래의 세 가지 형태에서 몇 번인가요?

 **STEP 1** BUILDING (구조 공부)

It takes + 시간 / 거리 ~하는 데 걸린다, 든다

1
- It takes time. (시간이 든다.) o
- It takes money. (돈이 든다.) x   It takes money는 어색해요. 문법상으로는 하자가 없지만 주로 cost, need를 사용합니다. It costs money. (o)
- It takes two hours to get there. (거기 가는 데 두 시간 걸린다.) o
- It takes five minutes to cook. (요리하는 데 5분 걸린다.) o
- It takes _____. o

It takes + 노력 / 인내 / 용기 / 기술 ~이 필요하다, 요구된다

'필요하다'라는 말을 이렇게 할 수 있어요!

2
- It takes courage to speak up. (말하려면 용기가 필요하다.)
- It takes patience to raise a child. (아이를 키우려면 인내가 필요하다.)
- It takes skill to play the piano well. (피아노를 잘 치려면 기술이 필요하다.)
- It takes _____ to _____.

It takes + 사람 (to do) ~가 필요하다, ~가 해야 한다

사람인 경우 셀 수 있는 명사 사용을 잊지 마세요

3
- It takes a team to win the game. (게임에서 이기려면 팀이 필요하다.)
- It takes a leader to make change. (변화를 만들려면 리더가 필요하다.)
- It takes a whole village to _____.
- It takes a _____ to _____.

It takes 로 문장을 시작하려면? 오늘 배운 세 가지를 적으세요.

All I could +

최선이었다고 말하기

24

원서에서 찾은 보석

All Owl could see at the bottom of the bed were his own two feet.
(23, Chapter 2)

from Owl at Home

STEP 1 BUILDING (구조 공부 및 확장)

많이 연습해서 구조화 시키세요

All + 주어 + could + 동사 + was + 여러가지 형태

1 Do: ~가 할 수 있었던 것은 ~하는 것이었다. ☆ 동사형으로

- All we could do was wait.
- All we could _____ was laugh.

2 다양한 동사들: ~가 ~할 수 있었던 건 ~이었다. ☆ 명사형으로

- All I could see was darkness.
- All he could remember was her smile.
- All she could feel was fear.
- All he could think about was his mistake.
- All I could find were these notes.

(주의: 시제 맞추기)

3 Say: ~가 말할 수 있었던 건 ☆ 대화문 그대로

- All she could _____ was "I'm sorry."

이중언어자가 되는 것이 목표라면 머릿속에 이 모든 것이 체계적으로 구조화 되어 있어야 합니다.

미리보는 오답노트

Go를 사용하면 어떻게 될까요? 이렇게 사용하면 어색합니다.
go는 자동사이기 때문에 목적어가 필요없어요.

All I could **go** was here. (x)
All I could **do** was **go here**. (o)

그래서 **go**보다는 **do**를 사용하세요!

STEP 2 ACTIVATION

번호대로 문장을 만들어 보세요.

1 _____

2 _____ *singular* (단수형 명사)

2 _____ *plural* (복수형 명사)

3 _____

마침표 잊지 마세요!

25 a night like this

분위기 말하기

원서에서 찾은 보석

"Who can it be," said Owl, "knocking and thumping at my door **on a night like this**?" (6, Chapter 1)

from Owl at Home

STEP 1 BUILDING (구조 공부)

하고 싶은 단어를 넣어 보세요!

like this는 달리 수식할 말이 떠오르지 않을 때 씁니다. 명사에 Highlight 하세요.

{
a day like this   a problem like this   a _____ like this
a sister like this   a mom like this   a _____ like this
a moment like this   a situation like this   a _____ like this
a place like this   a design like this   a _____ like this
a sky like this   a workbook like this   a _____ like this
a feeling like this   a mistake like this   a _____ like this
}

괄호 안에 넣어 문장 만드는 연습을 하세요! 가장 많이 쓰이는 두 가지 문장 형식을 드릴게요.

❶ You'll never + find / SEE / meet + { ____ } 뜻:

❷ { ____ } + doesn't COME very often. 뜻:

STEP 2 ACTIVATION (실전 글쓰기)

위의 형식을 사용해 문장을 만들어 보세요. 내가 평소에 가장 많이 사용할 내용을 넣어 외우세요!

_____

_____

_____

_____

마침표 잊지 마세요!

Come in!
명령문

초대하기

26

원서에서 찾은 보석

"**Come in**, Winter."
"**Come in** and **warm** yourself for a while."
(9, Chapter 1)

from Owl at Home

친근한 초대로 느껴집니다.
"**여기에 와서 ~ 해!**"

STEP 1 BUILDING (구조 공부)

명령문 1) : 동사 + 부사 (위치, 시간)
　　　　　　전치사구

명령문 2) : 동사 + 동사 조합

뜻

- Come in!
- Come on in!
- Come on down!
- Come on back!
- Come here!
- Come closer!
- Come along!
- Come inside!
- Come with me!
- Come to the table!
- Come right now!

뜻

- Come try this.
- Come see this!
- Come give me a hug!
- Come check it out.
- Come take a look!
- Come join the fun!
- Come meet my friend.
- Come talk to me.
- Come have a seat.
- Come take a break.
- Come help me out.

come 대신에 go로 모두 교체 가능합니다.

STEP 2 ACTIVATION 1

come + 위치 부사구, 전치사구를 넣어
명령문을 만들어 보세요.

1)_____.
2)_____.
3)_____.

STEP 3 ACTIVATION 2

come + 동사를 넣어 명령문을 만들어 보세요.
(come 다음에 바로 동사입니다!)

1)_____.
2)_____.
3)_____.

27 Have you ever + p.p
과거분사 사용법

경험 묻기

원서에서 찾은 보석

Have you ever tried to sleep while sitting on eight eggs? (33, Chapter 5)

from Charlotte's Web

STEP 1 BUILDING (구조 공부) 1

Have you ever ~ ? 해 본적 있어? (ever은 "한 번이라도 그랬나"의 느낌을 줍니다.)

과거분사에 표시해 보세요. (read의 경우 현재형과 같더라도 발음은 다릅니다.)

1. Have you ever traveled abroad?
2. Have you ever met a celebrity?
3. Have you ever read this book before?
4. Have you ever lost something really important?

대답은 항상 둘 중에 하나!

Yes, I have!   No, I haven't

짝꿍과 대화하며 대답까지 연습해 보세요.

Have you ever ~? 물어봤을 때 Yes, 라고 한다면 그 다음에 이어지는 대화의 흐름은 how many times 몇 번 해 보았는지가 가장 자연스러워요.

How many times have you + p.p ? 몇 번이나 해 본거야?

몇 번이나 해 본거야? 빈 칸을 채우고 다음 문장을 모두 해석해 보세요.

1. How many times have you read this book?
2. How many times _____ you called me today?
3. How many times _____ you watched this movie?
4. _____ eaten at this restaurant?

일상에서 정말 많이 쓰입니다. 모두 외워보세요!

STEP 2 ACTIVATION 1

Have you ever ~로 문장을 만들어 보세요.

1) _____.

How many times ~로 문장을 만들어 보세요.

2) _____.

27

STEP 3 BUILDING (구조 공부) 2

Have you ever **made** a mistake? vs **Did** you ever **make** a mistake?

실수해 본 적 있어? 실수를 한 적이 있어?

둘 다 실수해 본 경험이 있는지를 묻는 질문이지만, 뉘앙스에 약간의 차이가 있습니다. 차이를 조사해서 적어 보세요.

언제 쓰는 말일까요?
(정확한 뉘앙스를 설명해 보세요)

언제 쓰는 말일까요?
(정확한 뉘앙스를 설명해 보세요)

STEP 4 ACTIVATION 2

① Have **you** ever made a mistake?   Did **you** ever make a mistake?

I, she, he, we, they 로 교체해서 말해 보고 적어 보세요.

② _____ have **you** ever made a mistake?
_____ did **you** ever make a mistake?

When, How many times, How often, Why 가 들어갈 수 있어요.

③ 응용해서 문장을 만들어 보세요.

3) _____.

4) _____.

28 The next thing +

긴박감 주기

원서에서 찾은 보석

and **the next thing** he knew, he landed with a thump (57, Chapter 9)

from Charlotte's Web

STEP 1 BUILDING (구조 공부)

갑작스러운 전환, 예상 못 한 일은 이렇게 표현해요!

1 **The next thing** + 주어 + know(s)

이어지는 말에 색칠 하세요. 구조와 패턴을 기억하세요.

The next thing I know, he's gone.
다음 순간 (어느새, 나도 모르게), 그는 사라져 버린다. (이야기를 생생하게 전달할 때)

The next thing you _____, it's morning.
다음 순간 (어느새, 나도 모르게), 아침이 되어 있어.

The next thing we _____, they're here.
다음 순간 (어느새, 나도 모르게), 그들이 여기에 와 있다.

보통 현재 시제로 말할 때, 이야기를 지금처럼 생생히 재현하거나 일반적 상황 또는 반복적 상황을 설명할 때 사용해요.

2 **The next thing** + 주어 + knew

이어지는 말에 색칠 하세요. 구조와 패턴을 기억하세요.

The next thing I knew, I was lying on the floor.
다음 순간 (어느새, 나도 모르게), 나는 바닥에 누워 있었다.

The next thing she _____, he was gone.
다음 순간 (어느새, 나도 모르게), 그는 사라져 있었다.

The next thing we _____, the door was locked.
다음 순간 (어느새, 나도 모르게), 문이 잠겨 있었다.

STEP 2 ACTIVATION

나도 모르게 내가 무엇을 하고 있었을 때가 있었나요? 바로 문장을 만들어 보세요.

_____

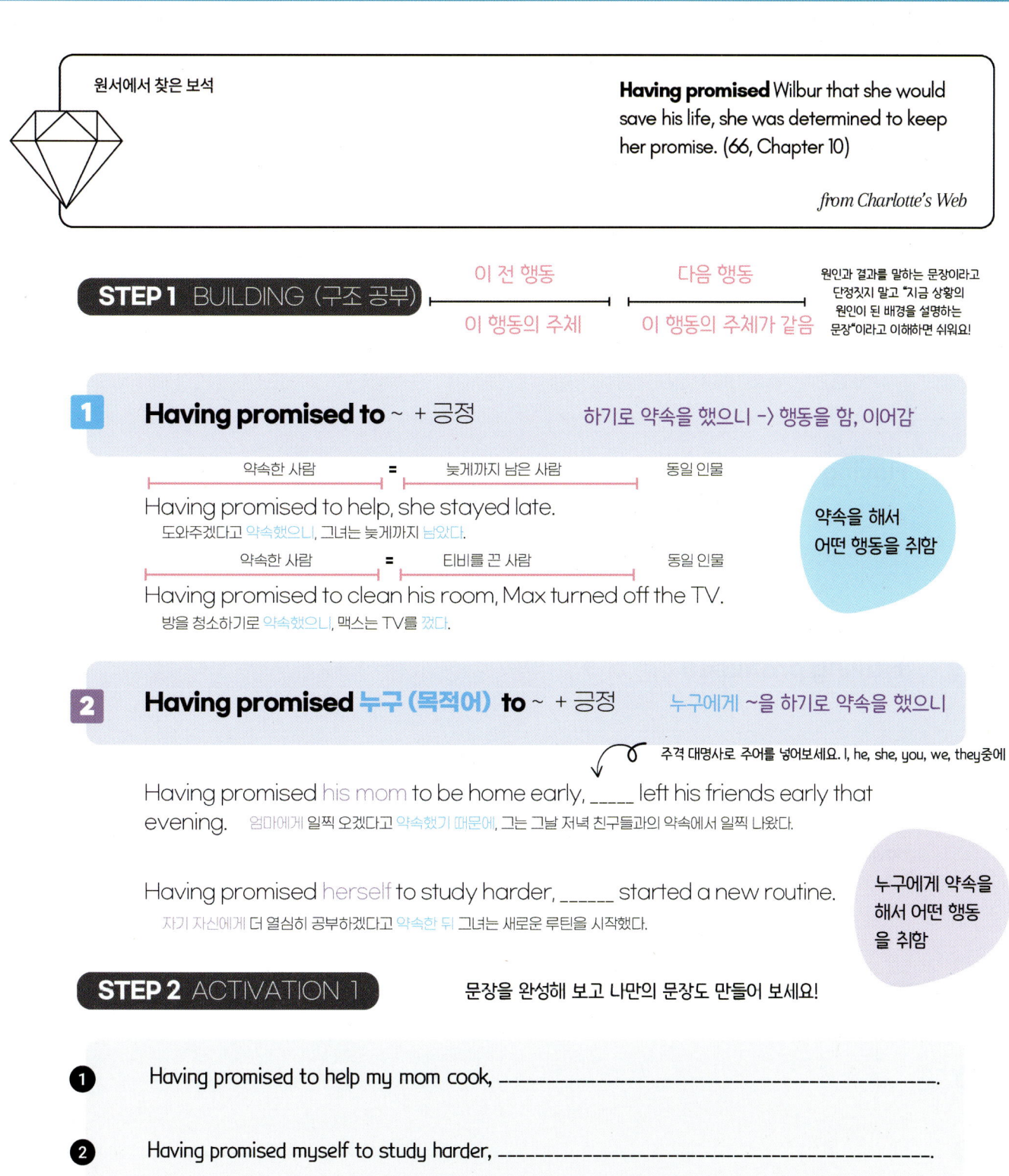

29

지금 상황의 원인, 배경이 된 이전 행동 설명하기

STEP 3 BUILDING (구조 공부) 2

분사구문은 앞뒤의 주어가 같을 때 사용합니다.
분사구문이 뭐라고요? _____

3 **Having promised to** ~ + 부정   하기로 약속해서 → 못 함, 막힘, 제한

약속한 사람 = 콘서트에 못 간 사람   같은 인물
Having promised to babysit, John couldn't go to the concert.
아이를 봐주겠다고 약속했으니 (약속했기 때문에), 존은 콘서트에 갈 수 없었다.

약속한 사람 = 휴대폰을 사용하지 않은 사람   같은 인물
Having promised to finish her homework, Lily didn't use her phone.
숙제를 끝내기로 약속했기 때문에, 릴리는 휴대폰을 사용하지 않았다.

약속을 해서 어떤 행동을 안 함, 못 함

4 **Having promised 누구 (목적어) to** + 부정   누구에게 ~을 하기로 약속을 해서 → 안 함, 못 함

Having promised herself to finish her homework, Lily didn't use her phone.
숙제를 끝내기로 자신에게 약속했기 때문에, 릴리는 휴대폰을 사용하지 않았다.

→ Not을 사용을 했지만 약속하느라 어떤 일을 안 한거예요! 의미상으로는 약속을 지키는 행동을 한 거죠!

5 **Having promised not to** +   안 하기로 약속했으니 → 행동을 하거나, 안 하거나

Having promised not to interrupt, Max stayed quiet during the meeting. 맥스는 방해하지 않겠다고 약속했으니, 회의 동안 조용히 있었다.

Having promised to not interrupt, Max stayed quiet during the meeting.
not to의 위치를 바꾸기도 하는데 리듬을 살리거나, 강조를 할 때 널리 사용되며 점점 더 현대 영어에서는 허용되는 표현입니다.

STEP 4 ACTIVATION 2   문장을 완성해 보고 나만의 문장도 만들어 보세요!

❸ _____

❹ _____

❺ _____

다양한 글쓰기 재료로 필수 문장력 기르기

1 샤론샤인 정기구독

동네 학원 대신, 97% 저렴한 챌린지에 참여해 보세요.

한 장씩 풀고 사진찍어 올리면 샤론쌤이 직접 첨삭해줘요.

2 글쓰기 도약 BLUE 챌린지

BookGems

30 Subject + Verb + Object
주어 + 동사 + 목적어 구성 훈련

원서에서 찾은 보석

He spent **long hours** .. dreaming **pleasant dreams**.

(48, Chapter 7)
from Charlotte's Web

STEP 1 BUILDING (구조 공부)

Mad Libs

주어 BOX
- A _____ student
- A _____ worker
- A _____ house
- The _____ wind
- A _____ house
- A _____ smile
- A _____ decision
- A _____ child
- A _____ schedule
- The _____ rain
- A _____ mistake

동사 BOX
- wrote
- wore
- lives
- want to know
- needs
- studied
- needs to have
- finished
- dreamed
- smiled
- thought about

목적어 BOX
- a _____ letter.
- a _____ dress.
- a _____ life.
- a _____ repair.
- a _____ house.
- a _____ effort.
- a _____ change.
- a _____ help.
- a _____ lesson.
- a _____ bag.
- a _____ problem.

원어민 친구들이 너무나 재미있어 하는 Mad Libs 문법 말하기 게임입니다. '순서대로 아무거나 말해도 문법에는 맞아요! 명사를 꾸미는 형용사를 넣은 후, 돌아가면서 랜덤하게 문장을 말해 보세요. 말이 안 되어도 언어를 구조화 시키는 훈련에 목적을 두고 있어요!

STEP 2 ACTIVATION

이제 내가 많이 사용할 수 있는 문장을 만들어 보세요. 형용사를 각 문장에 두 번 꼭 넣으세요.

1) _____.

2) _____.

3) _____.

31

sat still
동사 + 부사

섬세하게 표현하기

원서에서 찾은 보석

Owl **sat** very **still**. (31, Chapter 3)

from Owl at Home

STEP 1 BUILDING (구조 공부)

Verb 동사 + Adverb 부사

동사는 행동.
부사는 그 행동이 어떻게 이루어지는지 설명합니다.

STEP 2 어휘 확장

기본동사

앉다 sit **still**
서 있다 stand _____
듣다 listen _____
말하다 speak _____
걷다 walk _____
달리다 run _____
운전하다 drive _____
기다리다 wait _____
먹다 eat _____
자다 sleep _____
숨쉬다 breathe _____
웃다 smile _____
일하다 work _____
생각하다 think _____
보다 look _____
답장하다 reply _____
놀다 play _____
노래하다 sing _____
울다 cry _____
움직이다 move _____

말하고 싶은 부사를 골라 적어 넣으세요.
위의 부사를 모두 활용하세요. CROSS OUT THE ADVERB ONCE USED!

ADVERB CLUSTER

loudly 소리를 크게
straight 똑바로
clearly 또박또박
carefully 주의깊게
carefully 조심해서
slowly 천천히
positively 긍정적으로
fast 빨리
patiently 인내심 있게
peacefully 평화롭게
safely 안전하게
deeply 깊게
quietly 조용히
closely 가까이에서
quietly 조용히
hard 열심히
quickly 빨리
brightly 환하게
slowly 천천히

도전활동: 1) 동사를 과거형으로 바꿔 말해 보세요. 이때 주어를 사용하세요. 예: I stood straight.
2) 동사를 현재형으로 한 후 첫 글자를 대문자로 쓰면 명령문이 됩니다. 예: Stand straight!

32 -ing

현재 분사의 구조
Present Participle

문장 늘리기 꿀팁

> 원서에서 찾은 보석
>
> Who is out there, **banging** and **pounding** at my door on a night like this? (6, Chapter1)
>
> *from Owl at Home*

STEP 1 BUILDING (구조 공부)   패턴을 찾아 봅시다.   ing 현재분사 = 동사의 추가적 동작 설명!

Who is **banging** at the door? 해석: _____
Who is out there, **banging** and **pounding** at the door?
해석: _____

STEP 2 ACTIVATION 1

문장이 길어지는 원리를 공부해요! 진행형이 자연스럽게 현재분사로 확장됩니다. 문법은 이렇게 확장하는 큰 그림을 그리면서 익혀야 해요. 천천히 보면서 구조를 익혀 보세요.

1

Who is yelling?
누가 소리를 질러?

Who is yelling so late at night?
누가 이렇게 늦은 밤에 소리를 질러?

시간에 관련된 보석은 외워두었다가 이럴 때 넣어요!

Who is out there yelling so late at night?
누가 저 밖에서 이렇게 늦은 밤에 소리를 질러?

Who in the world is out there yelling so late at night?
도대체 누가 저 밖에서 이렇게 늦은 밤에 소리를 질러?

현재분사를 계속 넣을 수 있어요!

Who in the world is out there yelling so late at night disturbing everyone's sleep?
도대체 누가 저 밖에서 이렇게 늦은 밤에 소리를 질러서 모두의 잠을 방해하는 건데?

Who in the world is out there yelling so late at night waking up the whole neighborhood?
도대체 누가 저 밖에서 이렇게 늦은 밤에 소리를 질러서 온 동네를 깨우는 건데?

IN THE WORLD는 ON EARTH로 교체할 수 있어요.

문장 늘리기 꿀팁

32

2

Who is studying?
누가 _____?

Who is studying at this hour?
누가 지금 시간에 공부를 해?

Who is at the library studying at this hour?
누가 _____

Who in the world is at the library studying on a Saturday night?
누가 _____

Who in the world is at the library studying so hard on a Saturday night?

시간에 관련된 보석은 외워두었다가 이럴 때 넣어요!

어떻게 공부를 하는지 수식하는 말을 여기에 넣어요.

STEP 3 ACTIVATION 2 (실전 글쓰기)

내가 오늘 하고 싶었던 말, 써 보세요! 글쓰기 수업때 적어보고 첨삭을 받은 후 Chat GPT의 도움으로 완성된 문장을 쓰세요.

3 스스로 구조 확장해 보기

Who is _____ing?

시간
Who is _____ing _____?

장소   시간
Who is _____ _____ing _____?

장소   시간
Who _____ is _____ _____ing _____?

4 더 복잡한 문장 써보기

장소
Who _____ is _____ _____ing _____
_____

여기까지 늘려 보세요.

33 오감동사
말하다 편

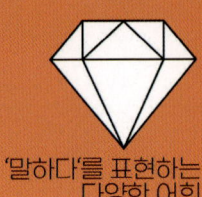

'말하다'를 표현하는 다양한 어휘

원서에서 찾은 보석

" ?" **asked** Owl. (19, Chapter 2)
" !" **said** Owl. (21, Chapter 2)
" !" **shouted** Owl. (24, Chapter 2)

from Owl at Home

STEP 1 BUILDING (구조 공부)

앞으로 읽을 모든 원서 책에서 오감 동사를 끌어내는 힘을 길러 볼 거예요!

오감동사란?

입으로 말하고 (예: say), 눈으로 보고 (예: see), 코로 냄새맡고 (예: smell), 촉감으로 느끼고 (예: touch), 귀로 듣고 (예: hear) 하는 부분을 표현하는 동사를 말합니다.

이 챕터에서는 "말하다"에 집중해 보겠습니다.

STEP 2 어휘 확장

"말하다"의 종류를 모두 나열해 봅시다. 이 책에서 뿐만 아니라 앞으로 원서읽기에 있어서 꼭 필수 동사입니다.

기본 전달형

- ask - _____
- reply - _____
- respond - _____
- announce - _____
- exclaim - _____
- admit - _____
- state - _____
- mention - _____
- advise - _____
- suggest - _____
- explain - _____
- report - _____
- confess - _____
- declare - _____
- insist - _____

말하는 방식에 따라

- shout - _____
- yell - _____
- scream - _____
- cry - _____

- whisper - _____
- murmur - _____
- mumble - _____
- mutter - _____

- complain - _____
- warn - _____
- argue - _____
- snap - _____
- command - _____

모두 과거형을 빈칸에 적어보세요.   뜻을 한글로 적어도 되지만 연필로만 살짝 적고 나주에 지우도록 해요! 머릿속에 느낌을 각인 시키는 게 더 중요해요!

© 2025 Sharonshine BOOKGEMS. All rights reserved.

말하다 + with 로 연결하기

34

어떤 상태인지 추측하기

STEP 3 ACTIVATION 1

이제 사용법을 배워봅시다. 앞으로 대화문을 이해하는데 힘이 될거에요.

소문자예요!

"Where are you?" asked Owl.
"But now I am cold," said Owl.

=

"Where are you?" he asked.
"But now I am cold." he said.

이렇게 같아요.

"_____?" asked Owl.
"_____," said Owl.

=

"_____?" he asked.
"_____." he said.

PUNCTUATION을 잘 보세요!
영어는 쉼표나 물음표가
따옴표 안에 들어 있어요!

대화문을 넣어보세요.
텍스트에서 찾아도 됩니다.

STEP 4 ACTIVATION 2

이제 간단히 확장하는 방법을 연습해 봅시다.

"Where are you?" asked Owl **with a yawn.**   with + 명사

:말하다"에 속하는 동사 아무거나 적어보세요.
(시간안에 적기! 1분 시간 재고 적으세요)

Chat GPT나 다른 AI툴로 더 찾아보세요!
많이 알고 있을수록 나의 보물입니다.

asked
replied
_____
_____
_____
_____   + _____ + with +
_____   ↳누구
_____
_____
_____

a worried look.
a trembling voice.
a hint of fear.
wide eyes.
a quiver in his voice.
growing concern.

_____
_____
_____
_____
_____
_____

셀 수 있는 명사인지 확인!
마침표도 잊지 마세요!

STEP 5 ACTIVATION 3

나만의 완전한 대화문을 만들어 보아요.

_____

_____

이제 나도 소설가 꿈나무!

35 here where
관계부사절
Relative Adverb Clause

생생한 공간감 불어넣기

원서에서 찾은 보석

I will sleep right **here where** I am safe. (28, Chapter 2)

from Owl at Home

STEP 1 BUILDING (구조 공부)

where + 주어 + 동사 (관계부사절)을 사용하는 목적은?
_____

Where 사용법을 알아두면 글쓰기 실력이 수직상승!

here where 장소를 설명하는 절이지만 사실 더 큰 이유가 있어요! --------> 진짜 이유를 적으세요.

I will sleep right **here where** I am safe.　　_____
I want to stay **here where** it's quiet.　　　　_____
I want to sit **here where** it's nice and comfortable. _____
He stood **here where** he could see the bus.　_____

"because"를 넣어 문장을 만들었다고 해봅시다.

I will sleep right here **because I am safe.** 하면 말이 안 돼요.
I will sleep right here **because I am safe here.** 이라고 해야 합니다.
그러면 here을 두 번 말하게 됩니다. 그래서 where~ 절로 바꿔
I will sleep right here **where I am safe.** 라고 말하는 것이 유용함을 떠나서 꼭 필요한 것이죠!

WHERE?

비판적 사고 (의문점 제시)　　어떤 차이가 있나요?

Let's play **here where** there's space.　vs　Let's play **where** there's space.
_____　　_____

❶ They stopped _____ the view was nice.

뜻: 경치가 좋은 여기에서 멈췄다.
(여기를 선택한 이유 설명)

❷ They stopped _____ the view was nice.

뜻: 경치 좋은 곳인 것 같아, 경치 좋은 곳을 발견해 멈췄다.
(특정지점 언급 없음)

한 가지 패턴이 더 나올 수 있어요!

❸ They stopped **at the spot** _____ the view was nice.

뜻: 경치 좋은 **그 지점**에서 멈췄다. (특정지점 언급함)

이제 세 가지 패턴, 확실히 알게 되었다면 다른 문장도 만들어 보세요!

© 2025 Sharonshine BOOKGEMS. All rights reserved.

all over

장면을 효과적으로 묘사하기

36

> 원서에서 찾은 보석
>
> "It's getting **all over** everything," shouted Fern. "His pie is **all over** his front."
> (68, Chapter 10)
>
> *from Charlotte's Web*

STEP 1 BUILDING (구조 공부)

뒤에 따라오는 말에 색칠하세요.

1 be all over. (끝)

문장이 over하고 끝나면? 종료를 말합니다.
Don't worry, it's **all over** now.
It's _____ between them.
The storm is _____.

2 be all over + 명사 (묻음)

전부 묻어 있고, 덮여 있을 때
The juice is **all over** the table.
His fingerprints are _____ the door.
There's paint _____ your hands!

3 be all over + 장소나 매체 (퍼짐)

뉴스·소문이 퍼질 때
That video is **all over** social media.
The rumor was _____ school
Her story is _____ the news.

4 be all over + 사람 (달라붙음, 과한 애정)

들러붙고 과한 애정을 표시할 때
The puppy was **all over** me.
She was _____ him at the party.
The kids were _____ the new toy.

주어가 사람, 동물입니다! 주어, 목적어 두 군데 색칠하기!

STEP 2 ACTIVATION

문장을 만들어 보세요. 그리고 바로 말할 수 있는지 짝꿍과 서로 테스트 해 보세요.

1 끝났을 때

_____.

2 묻었을 때

_____.

3 퍼졌을 때

_____.

4 들러붙었을 때

_____.

37 the way

방식을 세련되게
표현하기

원서에서 찾은 보석

Wilbur admired **the way** Charlotte managed. (48, Chapter 7)

from Charlotte's Web

the way 앞 뒤로 어떤 단어가 있는지 눈여겨 보세요!

STEP 1 BUILD & ACTIVATE

the way를 쓰는 방법 딱 두 가지 기억하세요!

① 주어 + 동사 + **the way** + 주어 + 동사 + [언제, 어디서]

I love the way you dance.
I love the way you dance when you're excited.

과거형으로도 바꿔보세요. (used to do something 이런 형식도 좋아요)

I remember the way you _____.

I'm impressed by the way you _____.

That should be the way you _____.

She didn't like the way you _____.

② **The way** + 주어 + 동사 + [언제, 어디서] + 동사 + [의견]

The way you dance is graceful.
The way you dance when you're excited is fun to watch

The way you _____ was brilliant.

The way you _____ makes everyone pay attention.

The way she _____ made me wonder.

The way my teacher _____ was interesting.

the way로 시작하는 구는 '어떻게'에 해당하는 내용입니다. How로 대체 가능합니다.
위의 문장들의 the way를 how로 모두 바꿔서 다시 말해 보세요!

© 2025 Sharonshine BOOKGEMS. All rights reserved.

out of the way

38

여러가지 뜻 모두 알기

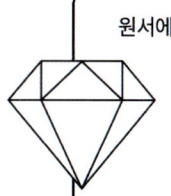

원서에서 찾은 보석

Fern pushed a chair **out of the way** and ran outdoors. (1, Chapter 1)

He crept down into his hole, pushed the goose egg **out of the way**, (57, Chapter 9)

Charlotte dropped quickly down, rolled the fly up, and carried it **out of the way**. (81, Chapter 11)

from Charlotte's Web

STEP 1 BUILDING (구조 공부)

어떤 의미인지 생각해 분류해 보세요.

1) 물리적으로 치움의 의미 2) 외딴곳, 멀리 떨어진의 의미 3) 임무 또는 작업의 완료

Stay out of the way. ____
Could you move that chair out of the way? ____
The car was parked out of the way. ____
The cafe is a bit out of the way, but it's worth visiting for the coffee. ____
Let's get this homework out of the way. ____
The children were told to stay out of the way. ____
The project is out of the way now. ____

STEP 2 ACTIVATION

의미상으로 하나씩 문장을 만들어 보세요.

1) 물리적으로 치움의 의미

_____

2) 외딴곳, 멀리 떨어진의 의미

_____

3) 임무 또는 작업의 완료

_____

39 things that are ~

관계대명사절의 구조화

명확하게 설명하기

원서에서 찾은 보석

He began to think of **things that were** sad. (31, Chapter 3)

Spoons that are never seen. (33, Chapter 3)

Pencils that are too short to use. (36, Chapter 3)

from Owl at Home

이중언어자가 되는 것이 목표라면 머릿속에 구조화 되어 있어야 합니다.

STEP 1 BUILDING (구조 공부 및 확장)

Things (사물, 어떤 것들) **that** + **be 동사**

❶ things that are ~ ~한 것들

상태
위치

things that are beautiful
things that are on the table
things that are left on the table
things that are seen
things that are allowed here
things that are difficult

❷ things that are not ~ ~하지 않은 것들

things that are not beautiful
things that are not on the table
things that are not left on the table
things that are not seen
things that are not allowed here
things that are not difficult

모두 해석해 보세요.

❸ things that are more / less 좀 더 ~한 것들 / 좀 덜 ~한 것들

things that are more beautiful
things that are more important
things that are less expensive
things that are more seen
things that are less difficult
things that are more acceptable
things that are more noticeable

STEP 2 ACTIVATION

things that are _____
things that are _____
things that are not _____
things that are not _____
things that are more _____
things that are less _____
things that are more commonly _____
things that are less commonly _____

more, less 대신에 더 구체적으로 more commonly (좀 더 일반적으로), less commonly (좀 덜 일반적으로) 라는 말이 더 어울릴 경우도 있어요.

구체적으로
묘사하기

things that have ~

관계대명사절의 구조화

원서에서 찾은 보석

spoons **that have** fallen behind the stove
(33, Chapter 3)

clocks **that have** stopped.
(34, Chapter 3)

from Owl at Home

STEP 1 BUILDING (구조 공부 및 확장)

STEP 2 ACTIVATION

Things (사물, 어떤 것들) that + have + 명사

❶ things that have ~   ~가 있는 것들

things that have history
things that have value
things that have meaning
things that have stories
things that have sharp edges
things that have useful features

해석해 보세요.

아래의 뜻대로 적어볼까요? 명사로 말을 이어보세요.

things that have _____
영어 자막이 있는 것들

things that have _____
바퀴가 있는 것들

things that have _____
밝은 색을 가진 것들

Things (사물, 어떤 것들) that + have + 과거분사

❷ things that have ~   ~해온 것들

things that have been forgotten
things that have been clarified
things that have grown
things that have inspired me
things that have brought people together

해석해 보세요.

아래의 뜻대로 적어볼까요? 과거분사로 말을 이어보세요.

things that have _____
변한 것들

things that have _____
일어난 일들

things that have _____
개선된 것들

41 things that cannot
관계대명사절의 구조화

명확하게 표현하기

원서에서 찾은 보석

Songs **that cannot** be sung, (32, Chapter 3)

Books **that cannot** be read, (34, Chapter 3)

from Owl at Home

STEP 1 BUILDING (구조 공부 및 확장)

Things (사물, 어떤 것들) **that** + **can** + 동사

❶ things that can ~   ~를 할 수 있는 것들

things that can change your life
things that can be fixed
things that can inspire you
things that can be reused
things that can grow
things that can be explained

해석해 보세요.

아래 빈칸에
그대로 옮겨 써 보세요.

Things (사물, 어떤 것들) **that** + **cannot** + 동사

❷ things that cannot ~   ~를 할 수 없는 것들

things that cannot change your life
things that cannot _____
things that cannot _____
things that cannot _____
things that cannot _____

STEP 2 ACTIVATION

아래의 뜻대로 적어볼까요?
can다음에 동사원형으로 말을 이어보세요.

things that can _____
사람들을 웃게 할 수 있는 것들
things that can _____
설명할 수 있는 것들
things that can _____
나눌 수 있는 것들

아래의 뜻대로 적어볼까요?
cannot다음에 동사원형으로 말을 이어보세요.

things that cannot _____
바꿀 수 없는 것들
things that cannot _____
잊을 수 없는 것들
things that cannot _____
가르칠 수 없는 것들

catch up with

같은 단어, 여러 뜻

원서에서 찾은 보석

The grass was wet and the earth smelled of springtime. Fern's sneakers were sopping by the time she **caught up with** her father. (1, Chapter 1)

from Charlotte's Web

이 문장은 아래의 분류 중 어디에 해당하나요?

STEP 1 BUILDING (구조 공부)

❶ 무엇을 catch up 하나요? 목적어에 색칠 하세요.

- You should work harder to catch up with the rest of the class.
- He had to run fast to _____ the group ahead.
- She spent all weekend trying to _____ the K-drama everyone was talking about.

1번의 catch up with의 뜻은?

❷ 무엇을 catch up 하나요? 목적어에 색칠 하세요.

- Let's set up a time to catch up with everything that's been happening in our lives.
- I haven't spoken to her in years, so it would be great to _____ her over coffee.
- After months apart, she was excited to _____ _____ her old friends.

2번의 catch up with의 뜻은?

❸ 무엇을 catch up 하나요? 목적어에 색칠 하세요.

- The mistakes you make now might catch up with you later.
- All his lies finally _____ him.
- It's only a matter of time before it _____ them.

3번의 catch up with의 뜻은?

42

같은 단어, 여러 뜻

STEP 2 ACTIVATION 1

 ~을 따라잡다

 못 나눈 이야기를 나누다 / 소식을 듣다

 ~에 대한 결과가 나타나다 되돌아와 발목을 잡다

위의 세 가지 뜻중에 맞는 해석을 매칭하세요.

_____ After months apart, she was excited to catch up with her old friends.

_____ You should work harder to catch up with the rest of the class.

_____ He had to run fast to catch up with the group ahead.

_____ The mistakes you make now might catch up with you later.

_____ I haven't spoken to her in years, so it would be great to catch up with her over coffee.

_____ Let's set up a time to catch up with everything that's been happening in our lives.

_____ I was sick for a few days and couldn't do my homework. I need to catch up with my homework quickly.

_____ The lies he told in his youth eventually caught up with him when he ran for public office.

_____ She spent all weekend trying to catch up with the K-drama everyone was talking about.

_____ Her unhealthy eating habits began to catch up with her in her thirties.

STEP 3 ACTIVATION 2

각 의미에 맞게 문장을 자유롭게 정확한 어법으로 만들어 보세요.

① _____

② _____

③ _____

기억하기 쉽게 가장 간단한 문장을 만드는 것이 중요합니다!
AI를 사용하거나 위의 샘플 문장을 그대로 써 보는 것도 괜찮아요!

one thing + another

미묘한 차이, 논리적 문장 만들기

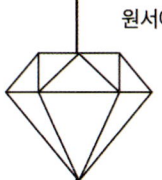

원서에서 찾은 보석

> But this is different. A little girl is **one thing**, a little runty pig is **another**.
> (3, Chapter 1)
>
> *from Charlotte's Web*

STEP 1 BUILDING (구조 공부)

one thing - another 사용법 | 해석하면서 공통된 형식이 보이나요? 분석하며 공부해 보세요.

1. Learning a new language is one thing; mastering it is another.
2. Working hard is one thing; achieving success is another.
3. Being able to read English is one thing; writing it effectively is another.
4. Borrowing money from a friend is one thing; paying it back on time is another.
5. Knowing how to cook is _____; becoming a professional chef is _____.
6. Losing weight quickly is _____; keeping it off long-term is _____.

STEP 2 ACTIVATION

one thing ~ another을 넣어 문장을 자유롭게 만들어 보세요.

_____
_____
_____
_____
_____

© 2025 Sharonshine BOOKGEMS. All rights reserved.

44 never ~er than
비교를 통한 최상급

강렬한 인상 남기는 문장 만들기

원서에서 찾은 보석

Wilbur loved his milk, and he **was never happier than** when Fern was warming up a bottle for him.
(8, Chapter 2)

from Charlotte's Web

STEP 1 BUILDING (구조 공부) + ACTIVATION 1

Never kinder than ~ 은 사실 우리에게 더 익숙한 최상급의 문장과 같은 뜻입니다.

The city was never livelier than during the festival.
→ The city was liveliest during the festival.

자아, 그럼 먼저 짧은 문장부터 연습해 봅시다.

She was most confident.
→ She was never more confident

He was most focused.
→ _____

I am most inspired.
→ _____

The brownie was the sweetest.
→ _____

He felt the proudest.
→ _____

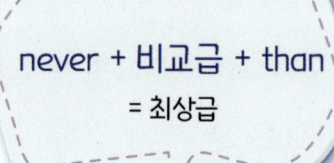
never + 비교급 + than
= 최상급

never + 비교급 + than
이런 표현이 최상급 형식보다 영어 원서에서 더 많이 보고 실제 생활에서도 더 많이 듣게 되는 표현이예요. 그래서 이런 구조를 보거나 들을 때, 자동으로 '최상급이구나' 하고 알아 들으면 됩니다. 그래서 이 훈련을 하는 거예요.

강렬한 인상
남기는 문장 만들기

STEP 2 ACTIVATION 2

문장을 확장해 볼거예요. 해석해 보세요.

She was most confident when giving that speech.
→ She was never more confident than when giving that speech.

He was most focused when solving a difficult problem.
→ _____

I am most inspired when reading a great book.
→ _____

The brownie was the sweetest when reading a great book.
→ _____

He felt the proudest when he saw his daughter graduate.
→ _____

STEP 3 LOGICAL THINKING

"~할 때 가장 ~하다"를 표현하는 세 가지 단계

세 단계 한국어 훈련

가장 ~ 하다 (직접적인 최상급입니다)
그 어떤 것보다 (혹은 내가 경험했던 어떤 것보다) 더 ~ 하다 (비교를 통한 최상급입니다.)
그 어떤 것도 ~보다 더 ~하지 않다. (부정 주어를 통한 최상급입니다.)

직접적인 최상급으로 문장을 만들어 보세요

비교를 통한 최상급으로 문장을 만들어 보세요.

부정 주어를 통한 최상급으로 문장을 만들어 보세요.

이 세 단계가 한국어로 자유롭게 된다면 이젠 저희 도약 프로그램으로 와서 영어로 해도 되는 나이입니다.

44

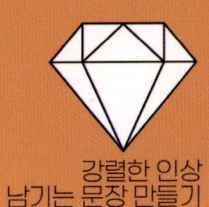

강렬한 인상
남기는 문장 만들기

STEP 4 ACTIVATION 3

사람 + 환경 — 문장을 확장해 볼거예요. 해석해 보세요. — 누가 언제 어떻다.

1단계 최상급: I am at my sharpest when working under pressure.

뜻 적기: _____

2단계 비교급: I am never sharper than when working under pressure.

뜻 적기: _____

3단계 부정주어: Nothing makes me sharper than when working under pressure.

뜻 적기: _____

사람 + 사람 관계 — 직접 만들어 볼 거예요. 한국어로 뜻을 먼저 적어 보세요. — 누가 '내가' 경험한 특정 조건 내에서 어떻다.

1단계 최상급: She is the kindest person I've ever met.

뜻 적기: _____

2단계 부정 비교급:

뜻 적기: _____

3단계 부정주어:

뜻 적기: _____

사물 + 사람 관계 — 직접 만들어 볼 거예요. 한국어로 뜻을 먼저 적어 보세요. — 무엇이 '내가' 경험한 특정 조건 내에서 어떻다.

1단계 최상급: This is the sweetest thing I've ever eaten.

뜻 적기: _____

2단계 비교급:

뜻 적기: _____

3단계 부정주어:

뜻 적기: _____

-er than it looks

비교급 확장 훈련

실제가 어떻다 솔직하게 말하기

원서에서 찾은 보석

SPIDER'S web is **stronger than it looks**.
(55, Chapter 9)

from Charlotte's Web

STEP 1 BUILDING (구조 공부)

비교급! 이 공식으로 자유자재로 연습이 되어 있어야 합니다!

샤론쌤의 QUICK RECIPE
: 비교급 만드는 법

1

■ is ~er than + ■

A는 B보다 더 ~하다
B는 A보다 더 ~하다

~er 비교급에 표시하세요.

This box is heavier than **that one**.
That box is heavier than **this one**.

My house is bigger than yours.
→ _____ house is bigger than _____.

Her explanation was clearer than his.
→ _____ explanation was clearer than _____.

This problem is harder than the last one.
→ _____ is harder than _____.

비교급을 아는 것에서 멈추지 말고 문장을 만들어 봐야 합니다!
피는 물보다 진하다는 영어로?

_____ (마침표 잊지 않기!)

영어에서 비교급을 만들 때
☑ 짧은 형용사(보통 1음절, 일부 2음절)
→ -er 붙임 (taller, smaller)
☑ 긴 형용사(보통 2음절 이상) → more + 형용사 (more careful, more expensive)

형용사 비교급 예
tall → taller
small → smaller
smart → smarter
calm → calmer, more calm 둘 다
simple → simpler, more simple 둘 다
careful → more careful
quiet → quieter, more quiet 둘 다
narrow → narrower, more narrow 둘 다
beautiful → more beautiful
expensive → more expensive
interesting → more interesting
comfortable → more comfortable
important → more important
dangerous → more dangerous

둘 다 가능한 단어들은 more을 붙이는 것 보다는 er을 붙이는 게 보편적이지만 more을 붙여도 틀린 건 아니에요! 개인 취향이고 습관적 사용이 강합니다. 즉, 문법적으로 가능해도 사람들이 안 쓰는 표현은 어색해져요.

같은 1음절이라도:
- calm: 의미 강조를 위해 more를 추가할 수 있음 (감정·상태 표현)
- smart: 관습적으로 only smarter만 씀

© 2025 Sharonshine BOOKGEMS. All rights reserved.

45

실제가 어떻다 솔직하게 말하기

STEP 2 ACTIVATION 1

2

■ is ~er than + it looks.

A는 보기보다 더 ~하다

better은 되도록 쓰지 마세요!
설명을 더 구체적으로 하는 습관을 들입시다.

가장 자연스러운 형용사를 고르세요. (내가 하고 싶은 말이 정답!)

This old chair is _____ than it looks.
The small dog is _____ than it looks.
That thin rope is _____ than it looks.
This tiny car is _____ than it looks.
The dessert is _____ than it looks.
That bag is _____ than it looks.

braver	sturdier
stronger	tougher
faster	trickier
heavier	harder
fuller	bigger

3

■ is ~er than + it seems. / it appears.

A는 겉보기 보다 더 ~하다

겉으로 보여지는 것 보다 숨은 뜻이 있을 때는 이렇게 써요.
추상적인 것이면 looks보다는 appears, seems 쓰세요.

This simple project is more _____ than it seems.
The old bridge is more stable/_____ than it _____.
His calm attitude is tougher/_____ than it _____.

나의 형용사 창고

complicated
useful
annoying
_____
_____
_____

알맞은 형용사를 더 찾아 보세요.

채워넣고 언제든지 나올 수 있게 준비!

4

A는 들리기 보다 더 ~하다.

이런 말은 한국어에선 어색하지만 영어로는 많이 씁니다.
"듣기에는 어떻게 들릴지는 모르겠지만"이라는 뜻이예요.

Her quiet voice is more powerful than it sounds.

STEP 3 ACTIVATION 2

2번 looks, 3번의 appears/seems로 나만의 문장을 만들어 보세요.

2 _____.

3 _____.

sleep covered up

46

완료된 동작을 생생하게 묘사하기

원서에서 찾은 보석

It relieved her mind to know that her baby would **sleep covered up**, and would stay warm. (10, Chapter 2)

from Charlotte's Web

STEP 1 BUILDING (구조 공부)

동사 원형이 무엇을 만나는지 살펴보는 공부입니다.

오늘은 동사의 상태를 더 잘 설명하는 방법을 배워 봅시다.

Step 1 아무 동사나 머릿속에 떠올려 보세요.

- sit 앉다

Step 2 떠올린 동사를 진행형이나 과거형으로 바꿔 보세요.

- sit -> be sitting 앉아 있다
- sit -> sat 앉았다

Step 3 어떻게 앉아 있을지 추가로 설명할 것을 떠올려 보세요.

- <u>혼자서</u> 앉다
- <u>가만히</u> 앉다
- <u>아무 말 없이</u> 앉아 있다.
- <u>감격하며</u> 앉아 있다.

정말 무궁무진하죠?
그런데 영어로
이 표현은 의외로 간단히
만들 수 있어요!
정해진 패턴이 있답니다.

여기에 여러분도 만들어 보세요!

46

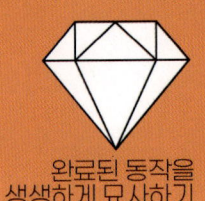

완료된 동작을
생생하게 묘사하기

STEP 2 INPUT 1   이제 영어로 동사 + 부사를 적어 봅시다. (어떻게 앉아 있음을 설명할 때)

혼자서 앉다 → sit alone
가만히 앉다 → sit still
아무 말 없이 앉아 있다. → sit silently

STEP 3 INPUT 2   그런데, 부사로 딱 떨어지지 않는 경우가 사실 더 많아요
[앉아서 ~한 상태임을 의미할 때]

이게 오늘 레슨의 핵심입니다!

놀란 채 앉아 있다 → sit surprised
지친 채 앉아 있다 → sit exhausted
얼어붙은 채 앉아 있다. → sit frozen

~한 상태를
설명할 때는
과거분사로
만들어요.

STEP 4 ACTIVATION 1   동사 + 형용사 역할을 하는 과거 완료형을 완성해 보세요.

She stood _____ in fear when she saw the snake.	freeze
The treasure lay _____ under the old tree.	hide
They waited _____ after the long journey.	exhaust
His mistake remained _____ for weeks.	unnotice
Please stay _____ until the plane comes to a complete stop.	seat
She arrived _____ with all the necessary documents.	prepare
The book lay _____ on the dusty shelf for years.	forget

STEP 5 ACTIVATION 2   같은 형식의 동사 + 과거완료형을 지금 읽고 있는 원서 본문에서 찾아 적어보세요. 이 형식은 앞으로 책을 읽을 때 눈여겨 봅니다.

_____   _____

_____   _____

_____   _____

got to / have got to

해야 할 일을 명확하게 전달하기

원서에서 찾은 보석

from Charlotte's Web

"He's got to go, Fern," he said. ...but Wilbur is not a baby any longer and he **has got to** be sold. (12, Chapter 2)

Got to keep them toasty-oasty-oasty warm (28, Chapter 6)

STEP 1 BUILDING (구조 보기)

GET TO, GOT TO는 HAVE GOT TO와 다릅니다!
뜻을 적어보세요. 크게 두 개로 분류하는 눈을 키우세요.

got to : _____
            뜻 유추

have got to : _____
                뜻 유추

Charlotte's Web 원서에서만 이렇게 많이 나왔어요! 이제 분류해 볼까요?
앞에 HAVE가 있는지 없는지만 보세요!

I didn't get to
I got to
I've got to
You get to
She doesn't get to
You don't get to
You've got to
He's got to

STEP 2 CORE ACTIVATION

① GET TO / GOT TO

뜻 2차 유추 (예문을 보고 유추하세요)

색칠하세요. GET TO 다음에 무엇이 오는지!

How long does it take to get to the airport?

We finally got to the top of the mountain.

내 문장:
_____
_____

② GET TO / GOT TO

뜻 2차 유추 (예문을 보고 유추하세요)

색칠하세요. GET TO 다음에 무엇이 오는지!

I hope I get to see you again soon.

Did you get to ask him about the project?

내 문장:
_____
_____

③ HAVE GOT TO
줄여서 GOTTA

뜻 2차 유추 (예문을 보고 유추하세요)

색칠하세요. GET TO 다음에 무엇이 오는지!

I've got to finish this report by tomorrow.

We gotta go now, it's getting late.

내 문장:
_____
_____

© 2025 Sharonshine BOOKGEMS. All rights reserved.

48. So did I. / So do I.

동의나 공감을 표현하기

원서에서 찾은 보석

sheep soon got to know her and trust her. **So did the geese**, who lived with the sheep. (15, Chapter 3)

The geese gathered around to see the fun, and **so did the sheep and lambs**. (121, Chapter 3)

"Salutations!" it said. "I'm up here." "**So am I**," said another tiny voice. "**So am I**," said a third voice. (179-180, Chapter 3)

from Charlotte's Web

같은 뜻을 반복할 때, 동의 할 때 쓰여요.

STEP 1 BUILDING (구조 공부) 1

패턴 인풋: 현재형, 습관형

activation이 바로 이거예요!

동사에 따라서 am, are, do, does, did can 중에 골라 대답하는 연습을 해 보세요. 그리고 변형해서도 말해 보세요.

1. A: She **can play** the guitar.
   B: So _____ I!
   뜻: = I also can play the guitar.

2. A: I**'m** excited about the trip.
   B: So _____ I!
   뜻: = I'm also excited about the trip.

3. A: He is nervous about the interview.
   B: So _____ I!
   뜻: = I am also nervous about the interview.

4. A: He **loves** reading books.
   B: So _____ I!
   뜻: = I also love reading books.

5. A: I **like** coffee.
   B: So _____ I!
   뜻: = I also like coffee.

6. A: I'm ready for the test.
   B: So _____ I!
   뜻: = I'm also ready for the test.

앞으로는 Me, too 대신에
So _____ I. 로 말해요!

동의나 공감을 표현하기

48

STEP 2 BUILDING 2   패턴 인풋: 과거형

↙ activate!

동사에 따라서 am, are, do, does, did can중에 골라 대답하는 연습을 해 보세요. 그리고 변형해서도 말해 보세요.

1. A: I went to the park yesterday.
   B: So _____ I!
   뜻: = I also went to the park yesterday.

2. A: We were shocked by the news.
   B: So _____ I!
   뜻: = I was also shocked by the news.

3. A: She used to be very shy.
   B: So _____ I!
   뜻: = I also used to be very shy.

4. A: I was tired after the long trip.
   B: So _____ I!
   뜻 = I was _____ tired after the long trip.

5. A: He had finished his work early.
   B: So _____ she!
   뜻: = She had also _____.

6. A: She studied all night for the test.
   B: So _____ I!
   뜻: = = I also studied all night.

7. A: My brother was surprised.
   B: So _____ my sister!
   뜻: = My sister was also surprised.

8. A: They were late for the meeting.
   B: So _____ I!
   뜻: = I was also late for the meeting.

9. A: They were confused about the instructions.
   B: So _____ we!
   뜻: = We were _____.

10. A: I used to like coffee.
    B: So _____ my mom!
    뜻: = My mom also _____.

STEP 3 ACTIVATION   나만의 대화를 만들어 보세요.

A: _____
B: _____
뜻: = _____

A: _____
B: _____
뜻: = _____

49 mean to

의도나 계획을
표현하기

원서에서 찾은 보석

"I beg everyone's pardon," whispered Wilbur. "**I didn't mean to be objectionable.**" (35, Chapter 5)

from Charlotte's Web

STEP 1 BUILDING (구조 공부)

mean to를 다양하게 연습해 봅시다.

---

① 주어 + mean to + 동사원형   ~하려고 해.

She _____ call you later.

He _____ apply for that job.

MEAN TO를 수일치에 맞게 적어보고 문장을 해석해 보세요.

위와 같이 현재형으로 문장을 만들어 보세요. x2
1) _____
2) _____

---

② 주어 + meant to + 동사원형   ~하려는 뜻이었어.
~하려고 했었어.

I _____ write you sooner.

I _____ send you a message.

MEAN TO 를 과거형으로 적어보고 문장을 해석해 보세요.

위와 같이 과거형으로 문장을 만들어 보세요. x2
1) _____
2) _____

---

③ mean to 의문형   ~하려고 하니?

Does she really _____ do that?

Do you _____ leave early?

MEAN TO의 의문문을 완성한 후 문장을 해석해 보세요.

위와 같이 의문문으로 문장을 만들어 보세요. x2.
1) _____
2) _____

---

④ mean to 과거 의문형   ~하려고 했니?

Did you really _____ say that?

_____ you _____ ignore me?

MEAN TO의 의문문 과거형을 완성한 후 문장을 해석해 보세요.

위와 같이 과거형 의문문으로 문장을 만들어 보세요. x2.
1) _____
2) _____

의도나 계획을
표현하기

49

⑤ mean to의 부정 의문형 ~를 하려고 한 게 아니야?

Don't you _____ say sorry?

_____ they _____ leave early?

MEAN TO의 부정 의문문을 완성한 후 문장을 해석해 보세요.

위와 같이 부정 의문문으로 문장을 만들어 보세요.

1) _____

2) _____
　_____

⑥ mean to의 과거의 부정 의문형 ~를 하려고 했던거 아니야?

Didn't you _____ finish your meal?

_____ you _____ save some money?

MEAN TO의 부정 의문문 과거형을 완성한 후 문장을 해석해 보세요.

위와 같이 과거 부정 의문문으로 문장을 만들어 보세요.

1) _____

2) _____
　_____

⑦ If 주어 + mean/meant to + 동사원형 (가정법)
~를 하려고 한다면,

If you _____ succeed, you should work hard.

If you _____ help me, you wouldn't have been upset.

MEAN TO의 가정형으로 완성한 후 문장을 해석해 보세요.

위와 같이 가정형으로 문장을 만들어 보세요.

1) _____

2) _____
　_____

⑧ have been meaning to 진행형 ~를 하려고 했었어.

I've been _____ call you, but I've been so busy.

We have been _____ travel for a long time.

MEAN TO의 진행형으로 완성한 후 문장을 해석해 보세요.

위와 같이 진행형으로 문장을 만들어 보세요.

1) _____

2) _____
　_____

STEP 2 ACTIVATION   mean 하나로 해결하는 동시통역의 예술~

~를 하려고 해. _____
~를 하려고 했었어. _____
~를 하려고 하니? _____
~를 하려고 했니? _____
~를 하려고 한다면, _____
~를 하려고 한 게 아니야? _____
~를 하려고 했던거 아니야? _____

여러분이 이 말들을
아주 쉽게 뱉어낼 수 있게 하려고
했다는 걸 알아요!
I'm sure you **meant to**
speak English this well!

in such a way

의도나 계획을 표현하기

원서에서 찾은 보석

At last Wilbur saw the creature that had spoken to him **in such a** kindly **way**. (36, Chapter 5)

from Charlotte's Web

STEP 1 BUILDING (구조 공부)

> in such a way "그런 식으로" "그렇게"는 형용사를 더해 "어떤 식으로"라고 더 설명을 (expand) 할 수 있어요.

~in such a way. 문장을 끝낼 때

"그렇게" 로 해석하면 됩니다.

1. He always chooses his words in such a way.
2. She smiled at me in such a way.
3. The book was written in such a way.
4. She looked at him in such a way.

in such a _____ way.
in such a _____ way.
in such a _____ way.
in such a _____ way.

이제 in such a way를 모두 like that, in that way 로 바꾸어 보세요. 더 구어체로 바뀌었죠?

① 도전연습!   ②

~in such a way that ~ 문장 중간에 넣을 때

정말 이것만 알고 있으면 긴 문장도 단번에 만들어 낼 수 있어요!

"~를 할 수 있게" "~의 방식으로" "~를 할 수 있도록"으로 해석하면 됩니다. 다음 문장을 해석해 보세요.

1. He explained the problem in such a way that even a child could understand.
2. She looked at me in such a way that I knew she was upset.
3. The teacher spoke in such a way that the students felt inspired.
4. The story was written in such a way that the ending was completely unexpected.

②번의 형용사 넣기 도전연습을 여기에도 적용해 보세요.

STEP 2 ACTIVATION

in such a way가 맨 뒤에 들어가는 문장을 만들어 보세요.

1) _____.

in such a way가 중간에 들어가는 문장을 만들어 보세요.

2) _____.

get away with

책임을 모면하려는 상황을 표현하기

원서에서 찾은 보석

He would kill a gosling if he could **get away with** it-the goose knew that. Everybody knew it. (46, Chapter 5)

from Charlotte's Web

STEP 1 BUILDING (구조 공부)

잘못을 해 놓고 피하거나 넘어갈 때 하는 말입니다.

with 다음에 어떤 말이 오는지 색칠하세요. 빈 칸을 채우고 문장들을 익혀봅시다.

They **got away with** a warning instead of a fine.
I can't believe he _____ lying to his mom.
You can't just break the rules and expect to _____ it.
He tried to cheat on the test, but he didn't _____ it.
I don't think you'll _____ submitting your assignment late this time.
Do you think you can _____ it this time?

❶ get away with + 명사 — it, this, that 혹은 특정한 것 (a warning.. 등등) '그것'을 넘어가거나 피하다라고 할 때

❷ get away with + 동명사 — ~ing 형태로 구체적인 그것이 무엇인지 설명이 필요할 때

STEP 2 ACTIVATION

get away with를 넣어 영작해 보세요.

쓰려고 하니 막막하나요?
쓰다보니 막히나요?
실전이 아닌 것에 감사합시다.
5초만에 안 나오면 대화는 이미 끝!

I _____.

He _____.

Do you think _____?

_____

52 in a ~ way

어떤 방식이나 특징을 세련되게 표현하기

원서에서 찾은 보석

You're carrying on **in a childish way**.
(51, Chapter 7)

from Charlotte's Web

STEP 1 BUILDING (구조 공부)

"어떤 방식으로"를 표현할 때 아주 유용해요.

형용사에 색칠 하세요.

in a polite **way** → 공손한 방식으로
in a strange **way** → 이상한 방식으로

다음 말도 해석해 보세요.

in a simple way. → _____
in a friendly way. → _____
in a creative way. → _____
in a confident way. → _____
in a sincere way. → _____
in a clear way. → _____
in a professional way. → _____

STEP 2 BUILDING (구조 공부)

부사로 바꿔 봅니다.

in a polite **way** → politely
in a strange **way** → strangely

다음 말도 바꿔 보세요.

in a simple way. → _____
in a friendly way. → _____(없음)_____
in a creative way. → _____
in a confident way. → _____
in a sincere way. → _____
in a clear way. → _____
in a professional way. → _____

부사(adverb)가 생각나지 않거나, 애매한 단어가 있을 때 정말 유용한 말이 in a ~ way인 것입니다.

어떤 방식이나
특징을 세련되게
표현하기

52

STEP 3 ACTIVATION 1

He smiled in a friendly way.

문장으로 연결해 큰 소리로 말해 보세요! 정답은 꼭 없지만 정답으로 하고 싶은 것에 줄을 그어 연결하세요.

She explained the problem
They solved the issue
She answered the question
He apologized
The teacher spoke
He completed the project

in a clear way.
in a sincere way.
in a confident way.
in a fun and interesting way.
in a simple way.
in a professional way.
in a creative way.

STEP 4 ACTIVATION 2

최상급으로 바꿀거예요.

in a polite **way** → **in the** politest **way possible**.
in a clear **way** → **in the** clearest **way possible**.

원어민급 어휘력 도전 ONE!
최상급으로 바꾸어 보세요.

원어민급 어휘력 도전 TWO!
WAY대신에 MANNER이란 단어로도 대체 가능해요! MANNER로 바꾸어 모두 연습해 보세요!

in a simple way. → _____
in a friendly way. → _____
in a creative way. → _____
in a confident way. → _____
in a sincere way. → _____
in a clear way. → _____
in a professional way. → _____

STEP 5 ACTIVATION 3

이제 in a - way를 넣어 다양한 문장을 만들어 보세요. 꼭 외워두세요!

1) _____
2) _____
3) _____

마침표 챙기세요!

53 with a ~ look

인물의 감정이나 상태를 생생하게 전달하기

원서에서 찾은 보석

"The goose did what?" asked Mrs. Arable, gazing at her daughter **with a queer, worried look**. (52, Chapter 8)

She was staring at Fern **with a worried expression** on her face. (53, Chapter 8)

from Charlotte's Web

STEP 1 BUILDING (구조 공부)

with a ~ look

형용사에 색칠 하세요.
with a queer **look** → 이상한 표정으로
with a worried **look** → 걱정어린 표정으로

look 바로 앞에 어떤 단어가 있는지 잘 보세요.

look 대신 expression으로 바꿔도 됩니다!

다음 말도 해석해 보세요.

with a puzzled look (_____ 표정으로)
with a sad look (_____ 표정으로)
with a proud look (_____ 표정으로)
with an angry look (_____ 표정으로)
with a shy look (_____ 표정으로)
with a hopeful look (_____ 표정으로)
with a blank look (_____ 표정으로)
with a guilty look (_____ 표정으로)
with a surprised look (_____ 표정으로)
with a similar look (_____ 표정으로)

배운 패턴들을 on one's face를 넣어 말해 보세요.

with a ~ look on one's face

with a sad **look on her face** → 그녀는 슬픈 표정으로
with worried **looks on their faces** → 그들은 모두 슬픈 표정으로

단수일 경우
복수일 경우

1) _____.

about what ~

54

궁금증이나
정보를 나타내기

원서에서 찾은 보석

And this afternoon you can tell me more **about what** goes on in Uncle Homer's barn. (54, Chapter 8)

from Charlotte's Web

STEP 1 BUILDING (구조 공부)

① **about what** + to 부정사   무엇을 어떻게 할지

what 다음에 어떤 말이 오는지 색칠하세요! 이 부분이 가장 중요합니다.

He's thinking **about what** to write.
Let's talk _____ to do this weekend.
I'm confused _____ to buy.
He asked _____ to bring to the party.
I'm not sure _____ to say.

-> 무엇을 쓸 지
-> 무엇을 할 지
-> 무엇을 _____
-> 무엇을 _____
-> 무엇을 _____
-> 무엇을 _____

② **about what** + 주어 + 동사   무엇을 누가 어떻게 할지

what 다음에 어떤 말이 오는지 색칠하세요! 이 부분이 가장 중요합니다.

He's thinking **about what** he should write.
Let's talk _____ we're doing this weekend.
I'm confused _____ we need to buy.
He asked _____ we should bring to the party.
I'm not sure _____ I should say.

STEP 2 ACTIVATION 1

I need to ask you about what to -

 _____.

무엇을 ~해야 할지에 대해 묻고 싶다.

I need to ask you about what + 주어 + 동사

 _____.

무엇이 ~하는지(했는지)에 대해 묻고 싶다.

54

궁금증이나
정보를 나타내기

STEP 3 BUILDING 2

③ **about what** + 동사   무엇을 ~할 지에 대해

what 다음에 어떤 말이 오는지 색칠하세요! 이 부분이 가장 중요합니다.

He's thinking **about what** needs to be done.   -> 무엇을 해야 하는지에 대해
Let's talk _____ has changed.   -> 무엇이 _____지에 대해
I'm confused _____ matters most.   -> 무엇이 _____지에 대해
He asked _____ affects our productivity. -> 무엇이 _____지에 대해
I'm not sure _____ concerns you so much. -> 무엇이 _____지에 대해

STEP 4 ACTIVATION 2

③ I need to ask you about what + 동사

1] _____.
                                      무엇이 ~   지에 대해 묻고 싶다.

2] _____.
                                      무엇이 ~   지에 대해 묻고 싶다.

STEP 5 ACTIVATION 3

"나는 뭐라고 말을 할 지 모르겠다. " 를 세 가지로 만들어 볼까요?

① I'm not sure about what _____ say.

② I'm not sure about what I _____ say.

③ I'm not sure about what needs _____ said.

> about what의 문장 확장법은 1,2,3 패턴이 제일 많이 쓰이고 다른 확장 표현도 더 있지만 다음에 배울거예요.

나만의 문장을 만들어 보세요.

3] _____.

4] _____.

as good ~ as
원급 비교 구문

유사한 점을 명확하게 말하기

원서에서 찾은 보석

Even men aren't **as good** at it **as** spiders,
(60, Chapter 9)

from Charlotte's Web

STEP 1 BUILDING (구조 공부)

① **형용사** 확장하기   형용사 사용법 먼저 봅시다.

형용사를 홀로 사용하는 경우도 있지만 그렇지 않은 경우가 더 많아요.

good   (좋은, 착한) → good **at it** (이것을 잘 하는)
bad   (   ) → bad at it (   )
skilled (   ) → skilled at it (   )
familiar(   ) → familiar with it (   )
interested(   ) → interested in it (   )
bored   (   ) → bored with it (   )
excited (   ) → excited about it (   )
mad   (   ) → mad about it (   )

괄호안에 해석을 적고
전치사에 표시하세요.

② **as 형용사 as** 와 함께 조립하기   ① 를 넣는 거예요!

as ~ as 중간에
들어가는 말에
색칠하세요.

정확하게 말하는 방법은 내가 하고 싶은 정확한 말을 대입하는 것입니다!

She is **as** good **as** her sister. ✗
(그녀는 언니만큼 좋다.)

"잘 한다"는 표현은
아니예요. 정확하지
않은 거죠.

She's **as** good **at it as** her sister. ○
(그녀는 언니만큼 그것을 잘한다.)

I'm **as** familiar _____ **as** anyone here.
I'm **as** bad _____ **as** you.
I'm **as** interested _____ **as** you.
You're **not as** mad _____ **as** I am.
(너는 나만큼 그것에 화나 있지는 않거든. - 내가 더 화나 있다는 말)

강조할 땐
nearly!

화난걸로 따지면 넌 내 근처도 못 와!

이 문장을 익혔다면 더 어려운 조립도 도전! ➡ You're not nearly as mad _____ as I am!

56 not as ~ as
원급 비교 부정 구문

'한 대상이 다른 대상보다 덜 하다'를 표현하기

> 원서에서 찾은 보석
>
> Maybe our ears are**n't as sharp as** Fern's.
> (54, Chapter 8)
>
> *from Charlotte's Web*

STEP 1 BUILDING (구조 공부)

문장 구조를 분석해 보세요. 빈 칸이 없을 때 나는 뭘 하고 있어야 하는지 생각하기!

1 A am/is/are **not as ~ as** B (N)

A가 B만큼 ~하지 않다.
B가 명사입니다!

- She is not as tall as her older sister.   그는 자기 언니보다 키가 크지는 않아.
- Their house is not as big as ours.
- The show was not as good as last year's
- Your proposal is not as strong as mine.

2 A am/is/are **not as ~ as** + 주어(S) + 동사(V)

A는 누가 ~처럼 ~하지 않다.

- This is not as simple as it sounds.   이건 말처럼 그렇게 간단하지 않아.
- I'm not as hungry as I was this morning.
- He was not as happy as he looked.
- I'm not as fast as I used to be.

STEP 2 ACTIVATION 1

1 나는 너만큼은 똑똑하지 않아. (smart)

_____.

2 나는 예전(의 나 자신)만큼 똑똑하지 않아. 예리하지 않아. (sharp을 쓰세요)

_____.

56

'한 대상이 다른 대상보다 덜 하다'를 표현하기

STEP 3 BUILDING 2 조금 더 유연성을 기르기 위해 난이도를 한 단계 높여 볼게요.

3 A doesn't seem (to be) as ~ as B   A가 B만큼 ~하지 않아 보인다.

to be는 구어체에서는 생략을 많이 하는 편입니다.

- She **is not as** tall **as** her older sister.   그는 자기 언니보다 키가 크지는 않아.

  → *She doesn't seem (to be) as tall as her older sister.*

- Their house **is not as** big **as** ours.

  → _____

- The show **was not as** good **as** last year's

  → _____

- Your proposal **is not as** strong **as** mine.

  → _____

STEP 4 ACTIVATION 2   as ~ as 를 꼭 넣어 문장을 만들어 보세요.

This is _____.

My room is _____.

Your plan doesn't seem _____.

This math problem doesn't seem _____.

_____.

_____.

57 Verb + Adjective -er
비교급 훈련

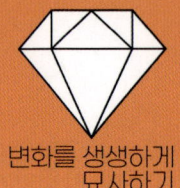

원서에서 찾은 보석

Owl **walked on** a little **farther.**
(55, Chapter 5)

It **climbed higher and higher** into the sky.
(52, Chapter 5)

from Owl at Home

STEP 1 BUILDING (구조 공부)

예문처럼 다음 문장들도 비교급으로 바꿔보세요. 해석도 해 보세요.

예문: The wind **got** strong**er** as night fell.

1. The moon looked bigg____.
2. The snow fell soft____.
3. She ran fast____ than ever before.
4. The moon rose bright____ and bright____.
5. He moved clos____ to the door.
6. The stars looked clear____ after the clouds passed.
7. They walked deep____ into the woods.
8. She leaned furth____ over the edge.
9. His voice grew loud____ with each word.
10. The light became faint____ as they went farth____.

get으로 모두 바꿔도 돼요! (단, 물리적인 이동일때만 move, walk, run 등의 동사를 쓰세요)

STEP 2 ACTIVATION

나는 여름동안 키가 더 커졌다.

_____.

너 키가 더 커졌네.

_____.

너는 키가 점점 커지는구나.

_____.

the summer   get   getting   You're   You   got   over   taller   tall

considering

변화를 생생하게 묘사하기

형용사로 꾸미기 (분사 구문)

58

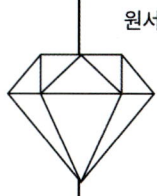

원서에서 찾은 보석

He has a perfect right to smell, **considering** his surroundings.
(61, Chapter 9)

from Charlotte's Web

STEP 1 BUILDING (구조 공부)

1 considering + 명사 형식

딱 떨어지는 무엇을 고려하면, 감안하면

1. It's pretty cheap, considering the quality. (품질을 감안하면 꽤 싸다.)
2. We're lucky, considering the situation. (상황을 생각하면 우리는 운이 좋은 편이다.)
3. She's doing well, considering her age. (나이를 생각하면 그녀는 잘하고 있다.)
4. It's not bad, considering the price. (가격을 생각하면 나쁘지 않다.)

2 considering + 절 (how / what / why) 형식

누가 어떻게/무엇을 /왜 ~ 하는 지 고려하면, 감안하면

1. Considering how tired you are, you should rest. 네가 얼마나 피곤한지를 생각하면, 쉬어야 해.
2. Considering what he has been through, he's remarkably calm.
3. Considering why she left, we should be more understanding.

패턴이 잘 보이게 나만의 방법으로 색칠하세요

STEP 2 ACTIVATION

1번 형식으로 문장을 만들어 보세요. 그리고 외우세요.

1 _____

2번 형식으로 문장을 만들어 보세요. 그리고 외우세요.

2 _____

영어계의 밀키트

주어만 있으면 완성되는 문장

1 샤론샤인 정기구독

동네 학원 대신, 97% 저렴한 챌린지에 참여해 보세요.

한 장씩 풀고 사진찍어 올리면 샤론쌤이 직접 첨삭해줘요.

2 글쓰기 도약 BLUE 챌린지

feel + Adjective

이유나 조건을 추가하기

원서에서 찾은 보석

Suddenly Wilbur **felt lonely** and **friendless**.
(27, Chapter 4)

from Charlotte's Web

STEP 1 BUILDING (구조 공부)

~를 느끼다라고 영작할 때 명사를 넣으면 안 돼요!
I felt loneliness (✗)

나의 형용사 상자에는 어떤 단어들이 있나요? 뽐내보세요.

Feel + 형용사

알맞은 감정으로 문장을 완성해 보세요.

I feel _____ today because I finished all my work.

She feels _____ after a long day at school.

He feels _____ about his upcoming vacation.

She feels _____ in her ability to succeed.

They feel _____ because they lost the game.

I feel _____ before giving a presentation.

The loud noise made him feel _____.

This blanket feels so _____ and _____.

친구들과 말해 보세요.

STEP 2 ACTIVATION

feel + adjective 형식을 사용해 영작해 보세요.

I feel _____.

I felt _____.

I never feel _____ when _____.

60 seem + Adjective

추정/ 인상 표현하기

원서에서 찾은 보석

Her campaign against insects **seemed** sensible and useful. (48, Chapter 7)

from Charlotte's Web

STEP 1 BUILDING (구조 공부)

seemed 다음에 어떤 품사를 사용하는지 보세요.

Seemed + 형용사 ~처럼 보였다

큰 소리로 해석해 보세요.
그리고 7-2 형식으로 모두 바꿔보세요!

주체가 누구인지 highlight하세요. 형용사에는 다른 색으로 highlight 하세요

She seemed tired after the long meeting.
The movie seemed boring at first, but it got better.
He seemed nervous before giving his presentation.
The child seemed happy playing with his new toy.
Her voice seemed calm, but I knew she was upset.

STEP 2 ACTIVATION 1

seemed을 사용해 영작을 해 봅시다. ("~였어요"이니까 과거형 쓰는 거예요!)

일상에서 정말 정말 많이 쓰는 문장입니다.
꼭 외워두세요!

① 날씨가 완벽해 보였어요.
→ _____.

② 그 아기는 정말 귀여워 보였어요.
→ _____.

③ 시험이 쉬워 보였어요.
→ _____.

④ 그 식당은 비싸 보였어요.
→ _____.

⑤ 그녀의 미소는 진심처럼 보였어요.
→ _____.

⑥ 그들은 실망해 보였어요.
→ _____.

STEP 3 ACTIVATION 2

문장 전체를 만들어 보세요. 꼭 문법체크, 스펠링체크한 뒤 게시판에 자랑하세요!

1) _____.

2) _____.

3) _____.

seem to + Object + that

원서에서 찾은 보석

"Hello!" she said. "**Seems to me** you're putting on weight." (49, Chapter 7)

from Charlotte's Web

STEP 1 BUILDING (구조 공부)

It seems to 누구 that ~   ~에게 ~처럼 보인다 / ~에게는 ~인 것 같다.

> seem의 주체에 highlight하세요.
> It seems to me that she's not very interested in the topic.
> It seems to me that we're running out of time.
> It seems to me that they've already made up their minds.
> It seems to me that this book is a bit too difficult for beginners.

7-1에 있는 형식과 자유자재로 전환 할 수 있게 연습하세요!

STEP 2 ACTIVATION 1

결국 나의 생각을 말하는 거죠! I think 대신에요!

It seems to me 는 I think 와 같다고 했죠? 그렇다면...

It seems to me that she seems unhappy.
→ 나에게는 그녀가 행복하지 않은 것처럼 보인다

이 말도 문법적으로 맞습니다! 하지만, 미국인들은 한 문장에 같은 단어를 두 번 사용하는 것을 불필요하고 어색하게 느끼는 경우가 많습니다. 따라서 다음과 같이 더 자연스럽고 깔끔하게 바꾸는 것이 좋습니다.

> It seems to me that she is unhappy. = She seems unhappy to me.

STEP 3 ACTIVATION 2

나만의 문장을 만들어 두 형식 모두 적어 보세요.

1) _____.
= _____.

2) _____.
= _____.

62 succeed in ~ing

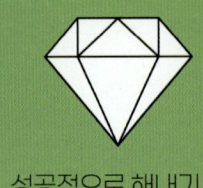

성공적으로 해내기

원서에서 찾은 보석

This might be the end of Charlotte if the boy **succeeded in** catch**ing** her. (72, Chapter 10)

from Charlotte's Web

STEP 1 BUILDING (구조 공부)

succeed in + 동사 ing   동사를 적거나 표시하세요.   무엇을 하는데 성공했나?

They succeeded in _____ning the championship.   -> 이기는 데에
She succeeded in convincing her parents to let her go.   -> _____
We succeeded in _____ing a good restaurant.   -> 찾는 데에
He succeeded in _____ing the new AI platform.   -> 배우는 데에
I succeeded in contacting the customer service   -> _____

STEP 2 ACTIVATION   세 가지 성공 목표를 적어봅시다.

I want to succeed in ~

+ _____ by _____
+ _____ by _____
+ _____ on _____
+ _____ today.

여러가지 시간을 나타내는 phrase가 샬럿츠 웹에 정말 많았죠. 참고하세요!

시간을 넣어 보세요. '언제까지'라고 말할 때는 by 를 넣으세요. 특정 날짜는 on을 넣으세요. 오늘, 내일, 내년은 그대로 넣어도 됩니다.

seems as though

상상력을 꺼내어 설명하기

원서에서 찾은 보석

He awoke at six and saw the rain, and it **seemed as though** he couldn't bear it. (27, Chapter 4)

from Charlotte's Web

STEP 1 BUILDING (구조 공부)

> as though는 as if와도 같아요!

~하는 것 같아요. 현재용법

현재 시제에 표시하세요.

It seems as though she's not coming to the party tonight.
He seems as though he's been working really hard lately.
They seem as though they've known each other for years.
She seems as though she's in a hurry to leave.
It seems as though we might be getting some rain later. *(현재시점에 앞으로의 일을 추측하는 문장)* ← 도전문장!

모두 might을 추가해 보세요.

~한 것 같았어요. 과거용법

과거로 바꾸고 시제에 표시하세요.

It seem___ as though she _____ not coming to the party tonight.
He seem___ as though he _____ been working really hard lately.
They seem___ as though they _____ known each other for years.
She seem___ as though she _____ in a hurry to leave.
It seem___ as though we _____ some rain later.

모두 might을 추가해 보세요.

STEP 2 ACTIVATION

seem as though를 사용해 문장을 만들어 보세요.

It seems _____.

might을 추가하면 '하는 것처럼 보일 수도 있다'로 바뀝니다. 문장을 만들어 보세요.

It might seem _____.

64 would probably

비교적 높은 가능성을 이야기하기

> 원서에서 찾은 보석
>
> "Don't yell, Fern!" she said. "Your father is right. The pig **would probably** die anyway." (1, Chapter 1)
>
> *from Charlotte's Web*

STEP 1 BUILDING 1 (구조 공부)

혹시 probably만 외우고 있었나요? probably는 추정의 의미를 담고 있는 would와 같이 씁니다.

밑줄친 곳에 would probably를 적으면서 문장을 해석해 보세요.

미래에 대한 가능성, 예측

- If we leave now, we _____ arrive by sunset.
- With the way things are going, this plan _____ fail.

STEP 2 ACTIVATION 1

미래에 대한 가능성 예측 문장을 직접 만들어 보세요.

_____

_____

_____

비교적 높은 가능성을 이야기하기

STEP 3 BUILDING 2
밑줄친 곳에 would probably를 적으면서 문장을 해석해 보세요.

현재에 대한 추측, 의견제시

1. She's not answering her phone; she _____ be busy right now.
2. That restaurant _____ be a good choice for dinner tonight.
3. If it's raining this hard here, it _____ be worse in the mountains.

STEP 4 ACTIVATION 2
현재에 대한 추측, 의견제시의 문장을 직접 만들어 보세요.

_____

_____

STEP 5 BUILDING 3
밑줄친 곳에 would probably를 적으면서 문장을 해석해 보세요.

가정적 상황 (과거형)

1. Looking back, I think they _____ have appreciated a clearer explanation.
2. If I had studied harder, I _____ have passed the test.

STEP 6 ACTIVATION 3
가정적 상황의 문장을 직접 만들어 보세요.

_____

_____

65 was moved
수동태 뽀개기

한 단어 활용법 모두 알기

> **원서에서 찾은 보석**
>
> Then, when Mrs. Arable complained, he **was moved** to a big ger box in the woodshed. At two weeks of age, he **was moved** outdoors. (8, Chapter 2)
>
> *from Charlotte's Web*

STEP 1 BUILDING (구조 공부)

move부분에 표시를 하고 해석해 보세요.

Active Voice 능동형

I am moving to a new city. _____
We moved in last week. _____
We need to move these boxes. _____
A new family moved in next door. _____

move가 들어간 능동형의 문장을 만들어 보고 첨삭을 받으세요.

1) _____.

STEP 2 ACTIVATION

move부분에 표시를 하고 해석해 보세요.

Passive Voice 수동형

The meeting has been moved to next Monday.
The furniture was moved to the other room.
All files are being moved to a new server.
We are all moved in.

구동사 move in은 "이사하다"라는 뜻입니다.

move가 들어간 수동형의 문장을 만들어 보고 첨삭을 받으세요. (AI에게, 챌린지 게시판에)

1) _____
2) _____

would have + p.p

가정법 과거완료
Third Conditional

가정/후회 표현하기

66

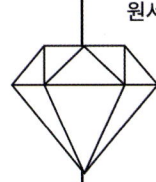 원서에서 찾은 보석

My goodness, I **would have starved** to death waiting that long.
(60, Chapter 9)

from Charlotte's Web

STEP 1 BUILDING (구조 공부)

1 would have + p.p ~했을 텐데, ~했었을 것이다 (하지만 실제로는 안 했다)

먼저 결론 부분 연습하세요. 과거분사 (past participle)이 바로 나오도록 훈련을 해야 합니다.

I would have passed the exam.
　시험에 합격했을텐데
I would have gone to the party.
　해석:
She would have helped you.
　해석:
I would have called you earlier.
　해석:

> **가정법 과거완료란?**
> 과거 사실에 대한 가정입니다.
> 이미 지나간 일, 실제로는 일어나지 않은 일을
> 상상/가정 할 때 써요.

2 would have + p.p 에 조건을 붙여 문장을 완성하자! + if 절

이제 그 결론(후회)의 조건을 붙여 문장을 완성해 봅니다. 이 부분이 없으면 완전한 문장이 아니에요!

I would have passed the exam **if I had studied** harder.
　내가 더 열심히 공부했더라면, 시험에 합격했을 텐데. 합격했었을거야.
I would have gone to the party **if I had been invited**.
　내가 초대를 받았더라면, 파티에 참석 했을 텐데. 참석했었을거야.

주의: if I studied harder 은 문법적으로 틀립니다. 왜냐면 "if I studied"는 현재/일반 가정이고, "would have passed"는 과거 가정이니까 시제가 맞지 않아요!

if I **had studied** harder o
if I **studied** harder x (이건 현재/미래 가정용이에요.)
If I'm **studying** harder x (진행형으로 if 절을 시작하는 건 자연스럽지 않아요.)
If I **study** harder x (이건 현재/미래 가능성용이에요.)

과거분사 연습장

- be → _____
- go → _____
- get → _____
- put → _____
- help → _____
- call → _____
- pass → _____
- make → _____
- take → _____
- come → _____
- give → _____
- find → _____
- think → _____
- know → _____
- feel → _____
- bring → _____
- buy → _____
- show → _____
- tell → _____
- leave → _____

© 2025 Sharonshine BOOKGEMS. All rights reserved.

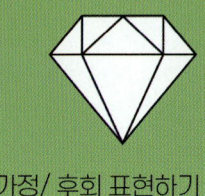

가정/ 후회 표현하기

STEP 2 ACTIVATION

3 **would have + p.p** 에 상황설명을 더하자. **+ but**

> but 뒤에 오는 내용은 **실제로 일어난** 이유(이유나 사정)를 설명하는 역할을 합니다.
>
> I would have gone to the party, but I didn't feel well.
>
> I would have gone to the party, but I wasn't invited.
>
> I would have gone to the party, but I had too much work.

4 **would have + p.p** 에 조건을 붙여 문장을 완성하자! **+ if 절**

 모두 외워두세요!

> if를 붙이는 것도 결국 "이유"나 "조건"을 설명하는 맥락이지만, **실제로는 일어나지 않은** 조건이나 가정입니다.
>
> I would have helped you if you had asked.
>   네가 물어봤었더라면,
> I would have helped you if _____.
>   네가 도움이 필요하다는 걸 알았더라면
>
> I would have gone to the seminar if I had known about it.
>   내가 그걸 알았더라면
> I would have gone to the seminar if I had _____.
>   내가 제때 등록했더라면

5 **would have + p.p** 두 가지 형식 모두 써보기! 직접 만들어보고 모두 외우세요!

> I would have passed the exam if I had _____.
>
> I would have passed the exam but _____.
>
> I would have called you earlier if I had _____.
>
> I would have called you but _____

have a talk

67

대화 상황을 자연스럽게 묘사하기

원서에서 찾은 보석

From seven to eight, Wilbur planned to **have a talk with** Templeton, the rat that lived under his trough. (25-26, Chapter 4)

from Charlotte's Web

STEP 1 BUILDING (구조 공부)

talk (동사) 대신에 have a talk (명사) 으로 바꾸어 사용할 수 있어요.

We need to **have a talk** about your grades.
Let's **have a talk** before making a decision.

동사를 명사로 모두 바꾸는 훈련을 합니다.

talk -> have a _____
meet -> have a _____
break -> _____
look -> _____
nap -> _____
discuss -> _____

go -> have a _____
drink -> have a _____
dream -> _____
rest -> _____
swim -> _____
fight -> _____

STEP 2 ACTIVATION

내가 하고 싶은 말을 넣어 말하기를 연습해 보세요.

① Let's have a _____ tomorrow morning.
② I need to have a _____ after working all day.
③ Let's have a _____ at the menu.
④ Can we have a _____ later?
⑤ Let's have a _____ before making a decision.

have a + noun을 사용해 문장을 만들어 보세요.

⑥ Let's _____ before _____.

⑦ I need to _____ before _____.

68 can't believe what

믿을 수 없음을 표현하기

> 원서에서 찾은 보석
>
> Wilbur **couldn't believe what** was happening to him when Lurvy caught him and forced the medicine down his throat. (31, Chapter 4)
>
> *from Charlotte's Web*

STEP 1 BUILDING (구조 공부)

believe what 다음에 어떻게 이어 나갈지 패턴을 공부해 보세요.

I can't **believe what** happened at the party last night.
She couldn't _____ she was hearing.
He doesn't _____ he saw on the news.
Can you _____ they did to the house?
I still can't _____ a great time we had on vacation!

STEP 2 ACTIVATION

문장이 how로 변형 될 경우 필요한 말이 추가가 됩니다.
어려우니 다음 페이지에서 AI로 복습하세요.

위의 문장들의 **can't believe what** 을 **don't get how**, **don't understand how**로 바꿔 보세요.

I _____ how it happened at the party last night.
She _____ how she was hearing this.
He _____ he saw it on the news.
_____ you _____ they did this to the house?
I still _____ we had such a great time on vacation!

정확히 해석하기 *can't believe what* ~의 뜻 :   *don't get how* 의 뜻:

문장 완성하기

1) <u>I can't believe what   </u>.

2) <u>I don't get how   </u>.

be determined to
Part 1

믿을 수 없음을 표현하기

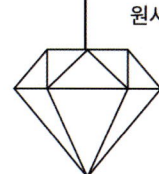

원서에서 찾은 보석

But he **was determined to** get in touch with his unknown friend. (34, Chapter 5)

from Charlotte's Web

STEP 1 BUILDING (구조 공부)

마음먹었었던 이야기를 회상할 때는 과거형

마음먹고 있는 일이 진행중일 때는 현재형

be determinted to 는 ~무엇을 꼭 하고야 말겠다는 의지를 가지고 결심을 할 때 씁니다.

여러분은 오늘 어떤 결심이 있나요? _____. (우리말로)
지난 주에는 어떤 결심이 있었나요? _____. (우리말로)

알맞은 be동사 시제를 넣어 간단히 뼈대를 세워 봅시다. (be동사를 자유자재로 변형하는 연습을 해야 해요.)

그는 결심하고 있다. 그는 굳게 ~를 하기로 마음 먹고 있다.→ He _____ determined to ~
그들은 결심했다. 그들은 굳게 ~를 하기로 마음 먹었다. → They _____ determined to ~
그들은 결심하고 있다. 그들은 굳게 ~를 하기로 마음 먹고 있다.→ They _____ determined to ~
그녀는 결심했다. 그녀는 굳게 ~를 하기로 마음 먹었다. → She _____ determined to ~
나는 결심하고 있다. 나는 굳게 ~를 할 생각이다. → I _____ determined to ~

STEP 2 ACTIVATION

오늘 배운 표현을 넣어 말하기를 연습해 보세요.

① 그녀는 시험에 합격하기 위해 결심하고 있다, 그래서 매일 밤 공부한다.
→ _____, so she studies every night.

② 어려움에도 불구하고, 그는 마라톤을 완주하기로 결심했다.
→ Despite the challenges, _____.

③ 그들은 사업을 성공시키기로 굳게 마음 먹고 있다.
→ _____ make their business successful.

이제 스스로 Step 1에서 우리말로 적었던 문장을 영작해 보세요. 영작한 후, 문법 체크해서 게시판에 올려주세요.

④ _____. (현재형)

⑤ _____. (과거형)

© 2025 Sharonshine BOOKGEMS. All rights reserved.

be determined to
Part 2

확고한 의지 표현하기

원서에서 찾은 보석

Having promised Wilbur that she would save his life, she **was determined to** keep her promise. (66, Chapter 10)

from Charlotte's Web

STEP 1 BUILDING (구조 공부)

be determined to + 동사   ~하기로 결심하다 / 굳게 마음먹다

발음 꿀팁: '디털민'으로 발음합니다.

1 현재시제로 지금 마음먹은 상태를 말합니다.

- She is determined to pass the exam.
- He is determined to finish his project today.
- I am determined to wake up early tomorrow.
- We are determined to help our friend.

동사에 색칠하세요!

샤론쌤 글쓰기 꿀팁!

2 과거시제로 그때 마음먹었던 때를 말합니다.

- She was determined to pass the exam.
- He was determined to finish his essay today.

그때 당시의 결심이나 마음 상태를 말하는 표현이라, 그 결심이 지금까지 유지되는지 아닌지는 문장 안에 따로 설명하지 않으면 알 수 없습니다. 그래서 현재 상황을 설명하는 말로 이어주세요.

3 과거시제로 그때 마음먹었던 때를 말합니다.

- She was determined to pass the exam, and she still is. 아직 결심한 상태를 유지하고 있는 중!
- She was determined to pass the exam, and she did end up passing the exam.

그래서 결국 패스 했음!

STEP 2 ACTIVATION1

1, 2번 형식으로 문장을 만들어 보세요.

1 _____

2 _____

can't help ~ing

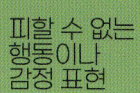
피할 수 없는
행동이나
감정 표현

원서에서 찾은 보석

"The pig **couldn't help being** born small, could it? (3, Chapter 1)

A spider's life **can't help being** something of a mess, with all this trapping and eating flies. (164, Chapter 21)

from Charlotte's Web

STEP 1 BUILDING (구조 공부)

from Charlotte's Web

can't help ~ing 으로 주로 쓰여요. can help (x)

smile   admire   worry   feel

check   notice   laugh   cry

| can't help ~ing | can't help ing 다음에 어떤 말이 오는지 표시하고 공부해 보세요. |

1. I can't help _____ing whenever I watch that movie.
2. She couldn't help _____ing after hearing the good news.
3. I can't help _____ing nervous before a big presentation.
4. He couldn't help _____ing when he saw them.
5. You really can't help _____ing your phone every five minutes.
6. I can't help _____ing how much you've improved in English.
7. I can't help _____ing about my friend's health.
8. He coudln't help _____ing the beautiful sunset.

도전 activation 활동: can't help 대신에 can't stop, can't avoid 을 넣어서 연습해 보세요.
더 고급단계 에서는 i can't help => 대신에 I find oneself로 바꾸어 연습해 보세요.

피할 수 없는
행동이나 감정 표현

STEP 2 ACTIVATION 1   **can't help ~ing** 로 문장을 만들어 보세요.

1) _____

2) _____

3) _____

STEP 3 INPUT   다음 문장을 보세요. 같은 뜻이지만 다르게 변형할 수 있습니다.

> She couldn't help crying when she heard the news.
> => She couldn't help but to cry when she heard the news.

> She couldn't help crying when she heard the news.
> => She found herself crying when she heard the news.

STEP 4 ACTIVATION 2   Step 2의 문장들을 **can't help but to**의 형식으로 바꿔보세요.

_____

_____

_____

STEP 5 ACTIVATION 3   Step 2의 문장들을 **find oneself ~ing**의 형식으로 바꿔보세요.

_____

_____

_____

have always been

현재완료 시제, 빈도 부사

지속적인 상태를 강조하기

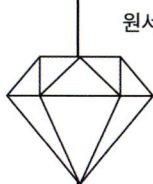

원서에서 찾은 보석

"**I've always been** dreadfully near-sighted.
(37, Chapter 5)

from Charlotte's Web

STEP 1 BUILDING (구조 공부)

have been은 "무엇을 해 왔다"인데 always를 붙이면 "쭈욱~ 해 왔다"의 의미가 커져요!

이 문장들을 완성해 보세요. 그리고 너무나 유용한 문장들이니 꼭 외워두세요!

I have always _____ interested in learning new languages.
You have always _____ a great friend to me.
They _____ always _____ supportive of my dreams.
She _____ always _____ passionate about music.
This place _____ always _____ my favorite spot to relax.
We _____ always _____ close as a family.
The rules _____ the same.
He _____ a hard worker.

I have always been +

나는 어떤 사람인가요?
내가 항상 해 온 것들, 생각해 온 것들, 나의 성향을 적어 볼까요?

친구, 가족들과 적은 것을 나누어 보세요

STEP 2 ACTIVATION

have always been을 사용해 영작해 보세요.

I _____

You _____

My mom _____

마침표 잊지 않기!

73 have nothing to do with

무관함을 단호하게 표현

> 원서에서 찾은 보석
>
> "Seven is a lucky number." "Luck **had nothing to do with** this," said the goose. (45, Chapter 6)
>
> *from Charlotte's Web*

STEP 1 BUILDING (구조 공부)

A와 B에 해당하는 말에 색칠하고 빈 칸을 채운 후 연습해요!

A has/have/had **nothing** to do with **B**   A와 B는 무관해. 관련이 없어.

1. I have nothing to do with it.
2. She has _____ it.
3. They _____ it.
4. My success _____ luck; it's all hard work.

A와 B를 명사구로 다양하게 만들어 보세요.

A has/have/had **something** to do with **B**   정말 이것만 알고 있으면 긴 문장도 단번에 만들어 낼 수 있어요!

1. I think their argument had _____ money.
2. Her mood might have _____ what happened earlier.

anything vs something

Do you have **anything** to do with the new project?
의심, 관계가 없을 수도 있음, 정말 순수하게 물어봄.

VS

Do you have **something** to do with the new project?
어느 정도 관련이 있을 거라고 짐작하고 물어봄.

STEP 2 ACTIVATION

anything이 들어가는 문장을 만들어 보세요. (의문문, 부정문)

1) _____

something이 들어가는 문장을 만들어 보세요. (의문문, 부정문)

2) _____

has something to

연관성을 설명하기

 원서에서 찾은 보석

...she now **has something to** show for it.
(44, 53, Chapter 8)

from Charlotte's Web

STEP 1 BUILDING (구조 공부)

1 주어 + **have/has something to do with** — 어떤 주제나 문제와 관련이 있다고 할 때

She has something to do with this.
그녀는 이것과 관련이 있어.

This has something to _____ that.
이것은 그것과 관련이 있어요.

His absence has something to _____ his health.
그의 부재는 건강 문제와 관련이 있어.

It might have something to _____ the weather.
이건 날씨와 관련이 있을지도 몰라.

2 주어 + **have/has something to** + 일반 동사 — ~할 게 있다고 할 때

I have something to write about.
난 글로 쓸 것이 있어.

He has something to fix in the kitchen.
그는 부엌에서 고쳐야 할 것이 있어.

I have something to _____ before the deadline.
나는 마감일까지 끝내야 할 것이 있어.

I have something to _____ this weekend.
나는 이번 주말에 해야 할 일이 있어.

75 be thoughtful of

따뜻한 마음 전달하기

원서에서 찾은 보석

It's real **thoughtful of** you to do that, Charlotte," he said (48, Chapter 7)

from Charlotte's Web

STEP 1 BUILDING (구조 공부)

① [사람] **be thoughtful of** ~ : 누가 무엇을 배려하다

문장을 여러방법으로 시작해 보는 연습도 중요합니다! Highlight 하세요!
You should be thoughtful of others' feelings.
You need to learn to be thoughtful of others' feelings.
She is always thoughtful of her family's needs.
They were thoughtful of the guests.
He wasn't very thoughtful of the people waiting in line.

대체되는 말

be thoughtful of
= be mindful of
= be considerate of

번갈아 가며 연습해 보세요.

② **It is thoughtful of** [사람] + **to** ~ : 누가 ~한 것은 배려심 있는 일이야

이것이 책에 있는 형식이예요. 이런 경우엔 It is, It was, That is, that was.로 문장을 시작해요. Highlight 하세요.
It is thoughtful of you to help me with my homework.
It was thoughtful of her to bring flowers.
It was thoughtful of them to invite us to the party.
It is thoughtful of you to remember my birthday.

STEP 2 ACTIVATION

① 번의 형식으로 문장을 만들어 보세요. 그리고 대체되는 말로도 연습해 보세요!

_____.

② 번의 형식으로 문장을 만들어 보세요. 그리고 대체되는 말로도 연습해 보세요!

_____.

keep on -ing

76

중단없이 지속적인 상황을 말할 때

원서에서 찾은 보석

Owl **kept on** walk**ing**. (58, Chapter 5)

from Owl at Home

STEP 1 BUILDING (구조 공부)

이 문장들을 보면 느낌이 어떤가요?
짜증이 들어 있는 것 같죠?
네, 맞아요.

해석해 보세요.

He just **keeps on** talk**ing**. _____

You **keep on** interrupt**ing** me! _____

He **keeps on** ask**ing** the same question. _____

사실 두 문장은 같다고 보면 되는데요
on이 들어가면 쉬지 않음이 강조되는 느낌이 됩니다.

해석을 굳이 하자면
Keep working! 자꾸 일해!
Keep on working! 계속 일해.

① If you **keep complaining**, no one will want to be friends with you. (너 이렇게 자꾸 불평하면 아무도 너랑 친구하려고 하지 않을거야.)
자꾸, 반복적으로 잊을만 하면 불평하는 느낌, 일상의 반복

② If you **keep on complaining**, no one will want to be friends with you. (너 이렇게 계속 불평하면 아무도 너랑 친구하려고 하지 않을거야.)
계속 쉬지 않고 불평하는 느낌, 좀 집요한 느낌

STEP 2 ACTIVATION

직접 만들어 보세요.

①
_____
_____

②
_____
_____

put on

구동사 뽀개기

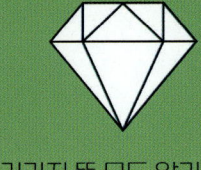

여러가지 뜻 모두 알기

원서에서 찾은 보석

He **put on** his pajamas and went to bed. (61, Chapter 5)

from Owl at Home

STEP 1 BUILDING (구조 공부)

PUT - _____ - _____

현재　　　　과거　　　　과거 분사

1 put on　착용하다

You need to put on a jacket; it's cold outside.

옷, 신발, 모자, 안경, 화장품 등 몸에
착용하거나 바르는 거 다 됩니다!

She _____ her glasses to read.

Don't forget to _____ your seatbelt.

He _____ his glasses to read.

She _____ some lipstick.

Did you _____ makeup?

Make sure you _____ sunscreen.

목적어에 색칠 하세요.
소유격에도 색칠 하세요.

이것이 진짜 공부!

2 put on　늘다, 증가하다

Did you put on some weight?

＊ Did you put on weight? 하면 "너 살쪘구나" 하는 너무 공격적인 뉘앙스가 큽니다. some을 붙여야 '살짝 찐 것 같나?' 이런 느낌이 됩니다.

I always _____ weight during the holidays.

He has _____ a lot of muscle from working out.

여러가지 뜻
모두 알기

11

3 put on   ~인 척 하다, 연기하다

He is just putting on an act.

She _____ a brave face.

The kids were _____ing ____ a show to get attention.

You're _____ing ____ a show.

4 put on   켜다

Could you put on some music?

Let's _____ the news to see what's happening.

Can you _____ the heater?

Can we _____
_____?   영작: 우리 에어컨 좀 켤까?

5 put on   개최하다, 올리다

The city is putting on a big festival this summer.

Our school drama club is _____ting ____ a new play this semester.

Our team has been working hard to _____ a great presentation.

STEP 2 ACTIVATION

PUT ON 다음에 오는 말 생각나는 데로 모두 적어보세요!

put on _____   put on _____   put on _____
put on _____   put on _____   put on _____
put on _____   put on _____   put on _____

양, 수, 시간, 공간 표현하기

1 샤론샤인 정기구독

동네 학원 대신, 97% 저렴한 챌린지에 참여해 보세요.

한 장씩 풀고 사진찍어 올리면 샤론쌤이 직접 첨삭해줘요.

2 글쓰기 도약 BLUE 챌린지

a little

조금, 약간을 표현하기

원서에서 찾은 보석

from Owl at Home

Owl walked on **a little** farther.
(56, Chapter 5)

It tastes **a little** bit salty.
(38, Chapter 3)

STEP 1 BUILDING (구조 공부 및 확장)

1 형용사를 꾸며줘요. (As an Adverb)

a little tired	조금 피곤한
___ _____ better	조금 _____한
___ _____ slower	조금 _____한
___ _____ sad	조금 _____한
___ _____ hungry	조금 _____한
___ _____ nervous	조금 _____한

↑ 형용사

2 명사를 꾸며줘요. (As an Adjective)

a little help	약간의 도움
___ _____ milk	약간의 _____
___ _____ kindness	약간의 _____
___ _____ snow	약간의 _____
___ _____ advice	약간의 _____
___ _____ noise	약간의 _____

↑ 명사

a little **too** tired — 강조할 때 too를 넣어요.
a little _____ slow
___ _____ sad
___ _____ hungry
___ _____ nervous

꿀팁 2)
a little too better (x) 은 이상해요.
better이 이미 비교급이어서 비교급 앞에는 too를 쓰지 않아요.

꿀팁 1) 명사가 셀 수 있든 셀 수 없든 상관없어요!

STEP 2 ACTIVATION

She has a little _____.
I was a little _____.
I need a little _____.
He drank a little _____.
She looks a little _____.
It's a little too _____.

동사의 종류에 색칠하고
형용사를 넣을지 명사를 넣을지
구분해 보세요.

결국 문장을 형용사로 끝낼지, 명사로 끝낼지 정하는 것은 앞에 일반 동사인지 be동사인지에 따라 달려있어요.

형용사? 명사?

© 2025 Sharonshine BOOKGEMS. All rights reserved.

79

as big as
원급 비교 구문
Positive Degree Comparison

조금, 약간을 표현하기

원서에서 찾은 보석

Let them grow **as big as** they wish.
(28, Chapter 2)

from Owl at Home

STEP 1 BUILDING (구조 공부 및 확장)

as + 형용사/부사 + as

as big as   as fast as   as slow as
as soon as   as many as   as expensive as

이건 다 알죠? 그런데 이 다음에 뭐가 들어가는지를 아는 것이 사실 더 중요합니다. 모르면 사용자체를 못 해요!
그래서 여기까지만 외우는 것은 아무런 유익이 없어요. 그럼 이제 확장을 해 보겠습니다. 형용사마다 다르게 사용해야 합니다.

❶ as + 형용사/부사 + as + 눈에 보이는 사물 ~만큼 ~한   수의 일치 주의: 하나면 a를 붙이고 하나 이상이면 복수형으로 적으세요.

as big as a baseball 야구공만큼 큰   as fast as _____
as slow as _____   as expensive as _____

큰 것, 작은 것, 빠른 것, 비싼 것.. 등등 이런 형용사들은 딱 떠오르는 물건이 있죠? 그럼 이렇게 쓰면 됩니다. 그런데 문제는 딱 떨어지는 물건이 없을 때입니다. 예를 들어, 수량, 시간, 양, 범위 이런 것을 설명해야 할때죠.

❷ as + 형용사/부사 + as + 추상적인 개념

개념 유형

as soon as possible   시간
as late as midnight   시간
as much as $1000   수치/정도
as long as I live   시간/조건
as many as 500 people   수량/정도
as far as I remember   범위/기억

이 정도는 꼭 모두 외워 두세요!

STEP 2 ACTIVATION

as soon as _____
as late as _____
as much as _____
as long as _____
as many as _____
as far as _____

주어 + 동사 구조로 모두 바꿔보세요.
(예) I want, You want, You want it to be, I'm concerned, I have time to do it.. 등등 적어 본 후 샤니 선생님께 첨삭받고 완성한 문장을 적어보세요.

be full of

넘쳐나는 상태를 설명하기

원서에서 찾은 보석

and it **was full of** all sorts of things that you find in barns: ladders, grindstones, pitch forks, monkey wrenches, .. (14, Chapter 3)

Dandelion stems **are full of** milk, clover heads are loaded with nectar, the Frigidaire **is full of** ice-cold drinks. (43, Chapter 6)

from Charlotte's Web

STEP 1 BUILDING (구조 공부)

be 동사 앞에 주체가 무엇인지 잘 보세요.

A **be full of** B

A에 들어갈 말은? _____   B에 들어갈 말은? _____

Describing Physical Things 사물, 물건에도 사용할 수 있어요.

The sky **was full of** bright, twinkling star**s**.
The basket **was full of** fresh fruit**s** and vegetable**s**.
Her notebook **was full of** creative idea**s** and sketche**s**.

위의 형식을 사용해 내가 가장 많이 사용할 문장을 만들어 보세요. (Physical Things)

be 동사 앞에 주체가 무엇인지 잘 보세요.

_____.

Describing Abstract Things 추상적인 것에도 사용할 수 있어요.

The teacher's speech **was full of** kind word**s**.
The festival **was full of** music, dancing, and delicious food.

위의 형식을 사용해 내가 가장 많이 사용할 문장을 만들어 보세요. (Physical Things)

뒤에 복수형이 꼭 들어가는지 잘 보세요.

_____.

80

넘쳐나는 상태를 설명하기

Describing Emotions and Feelings 감정에도 사용할 수 있어요.

She was full of joy when she told the news.
Her voice was full of excitement as she shared the news.
The teacher's speech was full of encouragement and wisdom.
His heart was full of thanks after he got the award.

위의 형식을 사용해 내가 가장 많이 사용할 문장을 만들어 보세요. (Feelings)

_____.

주어에 표시하고 어떤 주어가 사용되었는지 기억하세요.

추상적인 것들은 셀 수 없어요.

STEP 2 Advanced Activation 1

~ was full of all sorts of things that ~ 빈 칸에 들어갈 말을 완성해서 감을 익혀 보세요.

The letter was full of all sorts of mistakes that made me frown.
The gift box was full of all sorts of surprises that made me _____.
The story was full of all sorts of sad moments that made me _____.
The night sky was full of all sorts of shining stars that made me _____ about the universe.

위의 문장들처럼 that절로 연결해 긴 문장을 하나 만들어 보세요.

_____
_____.

STEP 3 Advanced Activation 2

be full of 는 be filled with 와 동일하게 씁니다.
24 ~ 25 페이지의 모든 문장을 be filled with 로 바꾸어 말해 보세요.

It is time to +

적절한 시기 말하기

가주어, to 부정사

원서에서 찾은 보석

It is time to blow out the candle and go to sleep. (19, Chapter 2)

from Owl at Home

"~할 시간이야"라고 할 때 씁니다.

STEP 1 BUILDING (구조 확장)

1 It is time to + ~할 시간이야. (기본형)

It's time to go.
It's time to study.
It's time to celebrate.
It's time to move on.

2 It is time for me to + 내가 ~할 시간이야. (확장형)

It's time _____ to go.
It's time _____ to study.
It's time _____ to celebrate.
It's time _____ to move on.

3 Now is the time to +

이제야 말로, 지금이야 말로 ~할 때야

_____ time to be bold.
_____ time to face the truth.
_____ time to show.
_____ time to take a break.

4 The time has come to + ~할 시간이 이제야 왔어.

_____ time _____ to say goodbye.
_____ time _____ to make a change.
_____ time _____ to take responsibility.
_____ time _____ to let go of the past.

미리보는 오답노트

자주 틀릴 수 있으니 첫 단추를 올바르게 잘 채우세요!

Time has come to . (x)
→ _____ (o)

It's the time to go. (x)
→ _____ (o)

Now is time to go. (x)
→ _____ (o)

STEP 2 ACTIVATION

각 번호에 맞는 형식으로 문장을 만들어보세요!

1
2
3
4

82 As the days went by
부사절

시간의 흐름 묘사하기

원서에서 찾은 보석

As the days went by, Wilbur grew and grew. (48, Chapter 7)

from Charlotte's Web

STEP 1 BUILDING 1 (구조 공부)

기간을 뜻하는 말들

구체적인 시간: minutes   hours   days   weeks   months   years   decades   seasons
일상적/특정 상황: evening   weekend   morning   night   summer   holidays   vacation   war
추상적 개념: time   life   youth

STEP 2 BUILDING 2 (구조 확장)

As the [기간] went by,   어떤 기간이 지나면서, 어떻게 되었다를 설명하는 말이 다음에 나와요.

1. As the _____ went by, we grew closer as friends.
2. As the _____ went by, she started to feel more confident.
3. As the _____ went by, the storm grew stronger.
4. As the _____ went by, his English improved a lot.
5. As the _____ went by, the baby learned to walk.
6. As the _____ went by, I became more and more anxious.
7. As the _____ went by, the garden changed beautifully.
8. As the _____ went by, the tension in the room increased.
9. As the _____ went by, he realized what truly mattered.
10. As the _____ went by, she missed her family even more.

밑줄엔 무엇을 넣어도 좋습니다! 가장 적합한 것을 넣어 연습해 보세요.

어떤 일이 일어났는지를 설명하는 동사에 모두 색칠 하세요!

STEP 3 ACTIVATION

자유롭게 문장을 두 개 만들어 보세요.

1) _____.

2) _____.

one of the

한정사, 수량표현

부분과 전체의 관계 표현하기

원서에서 찾은 보석

"Well," said her mother, "**one of the** pigs **is** a runt. (1, Chapter 1)

"**One of the** boards **is** loose. (17, Chapter 1)

Then one of the cows told **one of the** sheep, and soon all the sheep knew. (19, Chapter 1)

from Charlotte's Web

STEP 1 BUILDING 1 (구조 공부)

문법을 살펴 봅시다. 동사 부분에 색칠하고 해석해 보세요.

1. One of the doors is painted red.
2. One of the books is missing a cover.
3. One of the lights isn't working.
4. One of the paintings caught my attention.
5. One of the ideas was brilliant.
6. One of the cars has a flat tire.

STEP 2 BUILDING 2 (구조 확장)

내용에 살을 붙여 봅시다. 이렇게 하면 긴 문장을 만들 수 있어요. 여러가지를 넣어 연습 하세요.

1. One of the doors _that is broken_ is painted red.
2. One of the books _____ is missing a cover.
3. One of the lights _____ isn't working.
4. One of the paintings _____ caught my attention.
5. One of the ideas _____ was brilliant.
6. One of the cars _____ has a flat tire.

STEP 3 ACTIVATION

Step 2의 확장형으로 나만의 문장을 만들어 보고 첨삭을 받으세요.

_____.

84 one of those

수일치 1
Subject-Verb Agreement

특정 부류 중 하나 표현하기

원서에서 찾은 보석

One of those **bumps** is moving!
(22, Chapter 2)

from Owl at Home

STEP 1 BUILDING (구조 공부)

"One"이 주어일 때는 단수 취급하므로 동사도 단수형 (singular verb)을 씁니다.

해석 적어보기 ↓

One is moving. _____
One car is moving. _____
One of these is moving. _____
One of these cars is moving. _____

굵은 글씨 부분은
아무리 길어져도 상관이 없어요. 그냥 '하나'이면 is예요.

수일치 정말 중요해요! 시험에 단골 손님! 말하다가 막히는 원인 1위!
be 동사에 highlight하세요!

Two are moving.
Two cars are moving.
Two of those are moving.
Two of those cars are moving.

굵은 글씨 부분은
아무리 길어져도 상관이 없어요. 그냥 '하나'의 개념만 아니면 are예요.

잠깐! 사람은 어떻게 쓰면 될까요?

Two of them : 앞서 말한 그 사람들
Two of those people: 멀리 있는 사람들
Two of the people: 그 사람들, 그들

them 과 the people은 같은 뜻이지만
Two of them are doctors.
Two of the people we met yesterday
are doctors. 이렇게 뒤에 추가하는 말이
있을 경우 people을 씨야 해요.

STEP 2 ACTIVATION 1

연습하기 : 이 번엔 셋!
문장도 만들어 보세요.

Three are _____.
Three _____ are _____.
Three of those/them are _____.
Three of those _____ are _____.

이것만 알면 수일치는
수능, 토플까지 해결!

STEP 3 ACTIVATION 2

수일치 각인하기: 현재형, be동사를 넣으세요. 과거형도 넣어 연습하세요.
얼마나 많은 사람이 미성년자일까?의 답들입니다.

One ____ under age.   Many ____ under age.
Two ____ under age.   All ____ under age.
Most ____ under age.   Either ____ under age.
Both ____ under age.   Neither ____ under age.
Each ____ under age.   None ____ under age.

원어민 감
테스트로도
훌륭합니다!

샤론쌤 꿀팁!

헷갈리죠?
이렇게 생각하면
쉬워요. 한 개의
개념이면 단수,
한 개가 아닌 다
른 것은 복수!

some of
부분 수량표현

85

일부 표현하기

원서에서 찾은 보석

because **some of** the pages have been torn out. (34, Chapter 3)

from Owl at Home

STEP 1 BUILDING 1 (구조 공부)

some이 주어일 때 수 일치는? 　　　　　　　　　해석 적어보기

One of the books **is** missing. _____
Two of the books are missing. _____
Some of the books are missing. _____

수일치 정말 중요해요! 시험에 단골 손님! 말하다가 막히는 원인 1위!
be 동사에 highlight하세요!

STEP 2 BUILDING 2 (구조 공부)

복수 / 단수형

Singular   **One** of my favorite movie**s** is this.

be 동사는 복수형

Plural 1   **Some** of the question**s** are tricky.
셀 수 있는 명사   **Some** of my friend**s** live abroad. 일반 동사가 나오면 복수 동사로
　　　　　　　Some of the student**s** didn't come today. 과거일 땐 단수, 복수 신경 안 써도 됩니다.
　　　　　　　Some of the house**s** were lost.

be 동사는 복수형

Plural 2   **Some** of the furniture needs to be repaired.
셀 수 없는 명사   **Some** of the information is outdated.
　　　　　　　Some of the advice was helpful. 셀 수 없는 명사가 주어 자리에 오면,
　　　　　　　Some of the work is lost. 동사는 항상 단수형을 씁니다!

STEP 3 ACTIVATION

some of ~ 셀 수 있는 명사, some of ~ 셀 수 없는 명사로 구분해서 영작해 보세요.

1 _____.

2 _____.

86 none of us
부정 수량표현

특정 인원중 아무도 없다는 것을 표현하기

원서에서 찾은 보석

"**None of us** like him much."
(52, Chapter 8)

from Charlotte's Web

STEP 1 BUILDING (구조 공부)

어떤 동사의 형태가 다음에 오는 지를 보는 게 중요합니다!

None of + 명사 (복수형) 일 때

어떻게 맞을까요?
None of these + are (o)
None of these + is (x)

왜 그럴까요?
말해 보세요.

1 셀 수 있는 명사

None of the answers were correct.
None of the books on the shelf are interesting.
None of the cookies were eaten.
None of her suggestions were accepted.

BE 동사에 색칠하세요!

2 셀 수 없는 명사

None of the food was left after lunch.
None of the information is accurate.
None of the water is left.
None of the advice was helpful.
None of the furniture was new.

셀 수 없는 명사가 주어일 경우, 항상 단수형 동사를 사용하면 됩니다!
BE 동사에 색칠하세요!

STEP 2 ACTIVATION 1

1, 2번 형식으로 문장을 만들어 보세요.

1 _____.

2 _____.

특정 인원 중 아무도
없다는 것을 표현하기

3

None of his ideas made sense to me.
None of the children wanted to go home.
None of the students finished the test on time.
None of my friends could come.
None of the options seemed right.
None of the people at the meeting agreed.

일반 동사를 사용할 때도 수일치가 중요해요.
하지만 과거시제일 땐
단수, 복수 신경 안 써도 됩니다.

STEP 3 ACTIVATION 2

3번 형식으로 문장을 만들어 보세요.

3 _____.

3 _____.

3 _____.

3 _____.

STEP 4 QUIZ

문제를 보고 또 보고 수시로 풀어보세요!

None of the shops [is/are] open on Sunday.
None of the food [is/are] left in the fridge.
None of the movies [is/are] worth watching tonight.
None of the advice [is/are] helpful for my situation.
None of the information [is/are] reliable.
None of the cars [is/are] available for rent.

None of the students [has/have] completed the assignment.
None of the computers [works/work] properly.
None of the trees [was/were] affected by the storm.
None of the food [tastes/taste] good today.
None of the students [knows/know] the answer.

87 a third of
부분 수량 표현

분수 표현하기

원서에서 찾은 보석

half a doughnut, **the rind of** a summer squash, **two pieces of** stale toast, **a third of** a gingersnap, a fish tail,
(75, Chapter 10)

from Charlotte's Web

STEP 1 BUILDING (구조 공부)

1 모양의 일부를 말할 때
셀 수 없는 명사를 세기 위해 이런 방법을 써요.
one으로 연습하고 two로도 연습하세요!

a slice of pizza → 피자 한 조각 (얇게 썬 모양)
a strip of paper → 종이 한 줄, 띠
a cube of cheese → 치즈 깍두기 모양
a roll of tape → 테이프 한 롤
a _____ of onion → 양파 링
a block of ice → 얼음 덩어리

a _____ of soap → 고체 비누 한 개
a _____ of toilet paper → 화장지 한 롤
a _____ of paper → 종이 한 장
a _____ of gum → 껌 한 개 (막대 모양)
a _____ of cheese → 치즈 한 조각
_____

적어서 발표해 보세요.

2 양의 일부를 말할 때
셀 수 없는 명사를 세기 위해 이런 방법을 써요.
one으로 연습하고 two로도 연습하세요!

a cup of water → 물 한 컵
a bottle of milk → 우유 한 병
a spoonful of sugar → 설탕 한 숟갈
a bag of rice → 쌀 한 포대
a handful of nuts → 견과류 한 줌
_____

a _____ of honey → 꿀 한 병
a lump of sugar → 각설탕 한 개
a _____ of food → 음식 한 인분
a pile of sand → 모래 한 더미
a _____ of clothes → 옷 한 더미
a _____ of salt → 약간의 소금
a _____ of pepper → 약간의 후추

적어서 발표해 보세요.

분수 표현하기

3 수를 말할 때

셀 수 없는 명사나 수량을 정확히 말하기 위해 이런 방법을 써요.

four **slices** of ham → 햄 네 조각
six **cans** of soda → 탄산음료 여섯 캔
ten **pieces** of candy → 사탕 열 개
three **cartons** of eggs → 달걀 세 판
two **dozen** roses → 장미 24송이
five **packs** of cards → 카드 다섯 팩
a **bundle** of sticks (막대기 한 묶음)
a **flock** of birds (새 한 떼)
a _____ of cows (소 한 떼)
a _____ of fish (물고기 한 떼)
a _____ of bees (벌 한 무리)

two _____ of chocolate → 초콜릿 두 조각
three _____ of shoes → 신발 세 켤레
five _____ of bread → 빵 다섯 조각
ten _____ of coffee → 커피 열 잔
four _____ of water → 물 네 병
a _____ of books (책 한 더미)
a _____ of grapes (포도 한 송이)
a _____ of dishes (그릇 한 세트)
a _____ of keys (열쇠 한 세트)
_____

왜 DOZEN은 OF 없이 쓰일까?
👉 DOZEN, HUNDRED, THOUSAND, MILLION, BILLION 같은 수량 단위는 수사(숫자) 앞에서 바로 명사를 꾸밀 때 OF 없이 씁니다.

A DOZEN ROSES → 장미 12송이
TWO DOZEN EGGS → 달걀 24개
THREE HUNDRED PEOPLE → 300명
FIVE THOUSAND DOLLARS → 5천 달러

STEP 2 ACTIVATION

단어를 보고 바로 셀 수 있는 말로 바꿔 말해 보세요.

PAPER

MILK

CHEESE

SOAP

SALT

ROSES

COWS

COFFEE

EGGS

DISHES

CANDY

BEES

WATER

SODA

KEYS BIRDS

RICE

FOOD

88 It takes
Part 2
시간, 양, 수, 거리의 개념으로 다시 보기

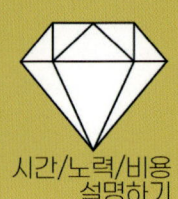

시간/노력/비용 설명하기

> 원서에서 찾은 보석
>
> "But do you know how long it **took** men **to** build it? Eight whole years. . (60, Chapter 9)
>
> *from Charlotte's Web*

STEP 1 BUILDING (구조 공부)

1 **It takes + 시간** ~하는 데 걸린다, 든다

시간에 해당하는 부분 전체를 색칠 하세요!

'It takes'는 특정 거리를 이동하는 데 필요한 '시간'을 나타낼 때에도 간접적으로 사용됩니다. 즉, '거리'를 이동하는 데 시간이 얼마나 걸리는가의 맥락에서 쓰입니다.

- **It takes** about 15 minutes to walk to the nearest subway station.
- **It took** me all day to finish this worksheet.
- With the help of Chat GPT, **it takes** me less than an hour to get it done.

의문문 쓰는 법: How long **does it take** to cover that distance by train?

2 **It takes + 수** ~Number of people/things

수에 해당하는 부분 전체를 색칠 하세요!

어떤 작업을 수행하거나 목표를 이루는 데 필요한 사람이나 사물의 수를 나타낼 때 사용됩니다. 이는 '양'의 좀 더 구체적인 형태라고 볼 수 있습니다.

- **It takes** two people to assemble this furniture.
- To change a light bulb, **it takes** one person and a ladder.
- **It takes** many ingredients to make this complex dish.

의문문 쓰는 법: How many _____ **does it take** to change a light bulb?

3 **It takes + 양**~ (amount / effort / resource)

양에 해당하는 부분 전체를 색칠 하세요!

'It takes'는 거리를 직접적으로 '취한다(take)'는 의미보다는, 특정 거리를 이동하는 데 필요한 '시간'을 나타낼 때 간접적으로 사용됩니다. 즉, '거리'를 이동하는 데 시간이 얼마나 걸리는가의 맥락에서 쓰입니다.

- **It takes** a lot of courage to admit your mistakes.
- **It takes** much patience to improve anything.
- **It takes** much patience to improve _____.

↖ (잘 하고 싶은 거 적어보세요, my 소유격으로 시작하세요.)

의문문 쓰는 법: How much _____ **does it take** to put up with you?

wait until

기다림을 표현하기

89

원서에서 찾은 보석

Wilbur walked out to the road with Fern and **waited** with her **till** the bus came. (10, Chapter 2)

If she went upstairs, Wilbur would **wait** at the bottom step **until** she came down again. (10, Chapter 2)

from Charlotte's Web

STEP 1 BUILDING (구조 공부)

Wait 대신에 여러 동사를 넣어 다른 말로 만들 수 있어요. 뜻도 적어보세요.

__study__ until ~ 뜻: (~을 할 때까지 __공부하__ 다)
_____ until ~ 뜻: (~을 할 때까지 _____)
_____ until ~ 뜻: (~을 할 때까지 _____)
_____ until ~ 뜻: (~을 할 때까지 _____)
_____ until ~ 뜻: (~을 할 때까지 _____)
_____ until ~ 뜻: (~을 할 때까지 _____)
_____ until ~ 뜻: (~을 할 때까지 _____)

STEP 2 ACTIVATION

빈 칸을 채우고 각 동사에 시제를 분석해 보세요.

미래   현재
- I will study _____ I finish this chapter.
- She waited _____ the bus arrived.
- We practiced _____ we could play the song perfectly.

Until이 들어간 나만의 문장을 만들어 보고 첨삭을 받으세요.

1) _____.

2) _____.

90 some of the time

시간 : 빈도 표현 체계

시간 중 일부분 표현하기

> 원서에서 찾은 보석
>
> **Some of the time** Owl was upstairs in his bedroom. **At other times** Owl was downstairs. (41, Chapter 2)
>
> *from Owl at Home*

STEP 1 BUILDING (구조 공부)

뜻이 어떻게 다를까요? 예문을 보면서 해석해 보세요.

the time
What's the time?
Do you remember the time…?
The time has come.

time
I don't have time.
Time flies.

Some of the time
I work from home some of the time.

Sometimes
Sometimes I skip breakfast.

Most of the time
Most of the time, I cook dinner at home.

some time
I need some time to finish this project.

All (of) the time
I think about you all of the time.

sometime
Let's meet for coffee sometime next week.

At times
At times, life can be very challenging.

From time to time
We go hiking from time to time.

도전활동: 1) 예문을 보고 해석하면서 정확한 뜻을 익히세요. 2) AI tools(Grammarly, Gemini, Chat GPT)로 확인하세요.

most of their time

시간 중 대부분 표현하기

원서에서 찾은 보석

The barn was pleasantly warm in winter when the animals spent **most of their time** indoors. (13, Chapter 1)

from Charlotte's Web

오답노트: I spend most of my time to study for exams. (x) 는 문법에 맞지 않아요. 동명사만 취하는 동사 모음은 〈어법을 뚫어라 - 동명사 편으로 공부하세요!〉

STEP 1 BUILDING (구조 공부)

spend time + ~ing (동사와 동명사 부분에 표시해 보세요.)

I spend most of my time studying for exams.
She spends most of her time reading novels.
They have spent most of their time working on new projects.
He spends most of his time playing video games.

누가 무엇을 하느라 대부분의 시간을 보냈나요? 적어 보세요.

1) _____.

2) _____.

STEP 2 ACTIVATION

Advanced: 어떤 동사는 전치사를 필요로 해요. 표시해 보세요.

시간을 '보내다' 대신에 다른 동사도 사용해 보세요.

Farmers dedicate most of their time to growing crops.
Yesterday, I wasted most of my time scrolling through social media.
She occupies most of her time with creative writing.
I invested most of my time learning new skills.
You'll lose most of your time to multitask instead of focusing on one task.

대부분의 시간을 어떻게 하나요? 동사를 하나 골라 문장을 완성해 보세요.

3) _____

_____.

© 2025 Sharonshine BOOKGEMS. All rights reserved.

145

92 time / times

두 단어의 차이를 확실히 알기

원서에서 찾은 보석

A dozen **times** during the night Wilbur woke and stared into the blackness. (32, Chapter 5)

He continued to visit Wilbur three **times** a day. (174, Chapter 22)

Means I sit still a good part of **the time** (61, Chapter 9)

She knew she didn't have much **time**. (67, Chapter 9)

"Just **in time** for a piece of blueberry pie," said Mrs. Zuckerman. (68, Chapter 9)

from Charlotte's Web

STEP 1 BUILDING (구조 공부)

A dozen times he woke. 가 원래는
-> He woke a dozen times. 예요.

Several times he tried.
-> He _____.

The first time I tried, I failed.
-> I _____.

time/times를 이용해 빈 칸에 들어갈 말을 완성해서 감을 익혀 보세요.

The first _____ I tried it, I felt a little nervous and made a few mistakes. But I kept going.

The second _____, I was braver and did better. I made fewer mistakes and felt proud.

I tried it many _____, and each _____, I got better and better. Now, I feel really good about what I learned!

STEP 2 ACTIVATION

나만의 문장을 만들어 보세요.

The first time I tried it, _____.

The second time I tried it, _____.

I tried it many times, and each time, _____.

A DOZEN TIMES 대신에
다른 말도 넣을 수 있어요.

several times
_____ times
_____ times
_____ times
_____ times
_____ times
_____ times

time 총정리
시간 : 빈도 표현 체계

time이 들어간 모든 말 정확히 쓰고 익히기

페이지 번호는 원서 Charlotte's Web 의 페이지 번호입니다.

the time (page 61)

time (page 32, 42, 67. 84. 107, 113, 115, 179)

Some of the time

Sometimes (page 10, 12, 43, 54)

Most of the time (page 13)

some/more time (page 133, 134)

All (of) the time (page 47. 84, 99, 174)

sometime

All my time (page 99, 140)

ths time (page 69)

At other times

At times

© 2025 Sharonshine BOOKGEMS. All rights reserved.

93

time이 들어간
모든 말 정확히 쓰기

at this time	**free time / spare time**
on time	**The first/second time** (page 32, 55)
(just) in time (page 68, 170)	**first-time**
for a long time (page 79)	**The last time** (page 69)
for the longest/last time (page 138)	**the next time** (page 54)
spend (one's) time (page 29, 48)	**in no time** (page 167)

© 2025 Sharonshine BOOKGEMS. All rights reserved.

활성화 방법
1) 문장을 만들어 적으세요.
2) AI tools(Grammarly, Gemini, Chat GPT)로 오답 확인하고 적으세요.
(내가 쓴 답은 지우지 말고 두세요.)
3) 모두 외우세요.
4) 짝꿍과 서로 quiz를 내고 맞혀보세요.

페이지 번호는 원서 Charlotte's Web 의 페이지 번호입니다.

by the time (p.1, 7, 140)

during the daytime (page 30)

untimely (page 4)

a dozen times (page 32)

in a short time (page 9)

at bedtime/noontime/lunchtime/mealtime (page 34, 74, 174)

at the same time (page 22)

around Christmastime (page 40, 49)

for the first/second time (page 27, 41,)

in good time (page 41)

spend time (page 29)

a lot of /short time (page 54, 167)

© 2025 Sharonshine BOOKGEMS. All rights reserved.

93

time이 들어간 모든 말 정확히 쓰기

from time to time

no time (page 120)

once upon a time (page 102)

when it comes time (page 126)

in a short time (page 9)

it's time for us/me/you to (page 141)

it's time you/I - (page 104, 116)

a good time (page 143)

at a bad time (page 116)

the best time (page 143)

Every time (page 120)

any time (pagae 143, 158)

활성화 방법
1) 문장을 만들어 적으세요.
2) AI tools(Grammarly, Gemini, Chat GPT)로 오답 확인하고 적으세요.
(내가 쓴 답은 지우지 말고 두세요.)
3) 모두 외우세요.
4) 짝꿍과 서로 quiz를 내고 맞혀보세요.

페이지 번호는 원서 Charlotte's Web 의 페이지 번호입니다.

three times (page 174)

a rich and steady time (형용사) 176

As time went on (page 183)

원서를 많이 읽는다고
영어가 느는 게 아니예요.
한 권을 읽더라도
이런 요소를 찾아 낼 수
있어야 합니다!

-샤론쌤

94 in advance

미리하는 계획, 준비 표현하기

원서에서 찾은 보석

The goose knew a day **in advance** that they were coming-she could hear their weak voices calling from inside the egg. (44, Chapter 6)

from Charlotte's Web

STEP 1 BUILDING (구조 공부)

in advance : 미리

적어보고 해석도 해 보세요.

- You should book your tickets _____
- I decided to pay tuition _____
- Can I get paid _____?
- Let me know your plans _____

in advance
= ahead of time
= upfront

번갈아 가며 연습해 보세요.

많이 연습해서 감을 익히세요!

시간 + in advance : 얼마나 미리

기간을 덧붙이는 방법입니다.

얼마나 미리인지 넣어보세요.

- You should book your tickets **months** in advance. (몇 개월치를 미리)
- I decided to pay tuition _____ in advance. (몇 년치를 미리)
- Can I get paid _____ in advance? (한 달치를 미리)
- Let me know your plans at least _____ in advance. (적어도 이틀은 미리)

②번의 형용사 넣기 도전연습을 여기에도 적용해 보세요.

STEP 2 ACTIVATION

중요한 발표는 몇 시간 전에 준비하는 것이 항상 좋아요.

1) It's always good to prepare _____ for an important presentation.

나는 회의를 위해 5분 일찍 도착했다.

2) I arrived _____.

almost every

95

거의 모든 것들 표현하기

원서에서 찾은 보석

You go there **almost every** afternoon, don't you? (54, Chapter 8)

from Charlotte's Web

STEP 1 BUILDING (구조 공부)

Almost every + 시간 관련 단어   거의 ~ 일정 기간에, 거의 매 ~, 거의 안 빠지고

1. You laugh at my jokes almost every time!   -> 매번
2. I go for a run before breakfast almost every day.   -> 매_____
3. Our team meets to review progress almost every week. -> 매_____
4. She sends me a handwritten letter almost every month. -> 매_____
5. We take a family vacation abroad almost every year. -> 매_____
6. There is a train to Yongsan almost every hour.   -> 매_____

STEP 2 ACTIVATION

나의 삶에서 적용되는 문장을 생각해 보세요.

almost every time   → _____
almost every day   → _____
almost every week   → _____
almost every month → _____
almost every year   → _____
almost every hour   → _____

자유롭게 만들어 보세요.
Almost every ~로 문장을
시작해도 됩니다. [도치법 가능]

Almost every person, Almost every book, Almost every flavor, 이렇게 사물이나 사람에게도 사용할 수 있어요. 단, every에는 단수를 써야 합니다!

in the lower part of

장소와 위치를 설명해요

공간적 위치 묘사하기

원서에서 찾은 보석

Wilbur's new home was **in the lower part of** the barn, directly underneath the cows.
(14, Chapter 3)

A fly that had been crawling along Wilbur's trough had flown up and blundered **into the lower part of** Charlotte's web..
(37, Chapter 5)

from Charlotte's Web

STEP 1 BUILDING (구조 공부)

다양한 장소와 위치 설명을 해 보세요.

lower   upper   middle
western   eastern   central
front   rear

In the _____ part of the painting, you can see a small signature by the artist.

The instructions are written in the _____ part of the page.

The treasure was hidden in the _____ part of the cave.

The mistake was found in the _____ part of the document.

The pain is mostly in the _____ part of my back.

The students sat in the _____ part of the auditorium.

STEP 2 ACTIVATION   나의 선호 자리는?

I'd like to sit _____the auditorium.

I'd like to sit _____the bus.

I'd like to sit _____the classroom.

come in from

97

사물의 이동 방향 설명하기

원서에서 찾은 보석

Uncle Homer, and Uncle Homer **came in from** the barn and talked to Fern.
(12, Chapter 2)

from Charlotte's Web

STEP 1 BUILDING (구조 공부)   전치사 부분을 잘 보세요.

come **in** from 대신에 여러 전치사를 넣어 다른 말로 만들 수 있어요. 뜻도 적어보세요.

come __out__ from ~ 뜻: (~에서 나오다.)
come __down__ from ~ 뜻: (~에서 내려오다.)
come _____ from ~ 뜻: (~에서 오다.)
come _____ from ~ 뜻: (~에서 오다.)
come _____ from ~ 뜻: (~에서 오다.)
come _____ from ~ 뜻: (~에서 오다.)
come _____ from ~ 뜻: (~에서 오다.)

STEP 2 ACTIVATION

come + 전치사 + from 을 사용해 문장을 만들어 보고 첨삭을 받으세요.

1) _____.

2) _____.

3) _____.

4) _____.

98 was there

존재했던 정확한 위치까지 설명하기

> 원서에서 찾은 보석
>
> Owl was at home. (5, Chapter 1)
>
> *from Owl at Home*

STEP 1 BUILDING (구조 공부)

be 동사로 위치 말하기

① 기본형: here, there *Please highlight!*

나는 '어디에 있어.' '어디에 어느 위치에 있었어'라고 표현할 때 여러가지 변형된 방법을 익혀보세요! be 동사 현재형, 과거형과 here, there의 조합을 모두 만들어 보세요.

```
I am here.
I am there.
I was here.
I was there.
Someone is there.
No one was there.
```

② 확장형] 정확한 장소 설명: at 사용하기

```
I am at home.
I am at school.
I was at home.
I was at school.
Someone is at home.
No one was at school.
```

③ 확장형] 공간적 위치설명 (방향성) out, in, up, down, over 붙이기

```
I am _____ here.
I am _____ there.
Someone is _____ there.
No one is _____ here.
Someone was _____ there.
I was _____ here.
I was _____ there.
No one was _____ here.
No one was _____ there.
```

1~5번은 원어민이 태어나서부터 듣고 가장 많이 쓰는 말이예요.

④ 확장형] 정확한 장소 + 공간적 위치설명 there, there + at 붙이기

```
I am here at home.
I am here at school.
I was here at home.
I was there at school.
No one was there at school.
```

⑤ 비판적 사고 (의문점 제시)

I'm home vs I'm at home 어떻게 다른가요?

STEP 2 ACTIVATION

모든 요소를 넣어 나만의 문장을 만들어 보세요.

예) I **was** over there at school.

_____

_____

자유롭게 변형해서 연습하세요! 입에 붙어야 해요!

all the way

99

공간적 지속성 강조하기

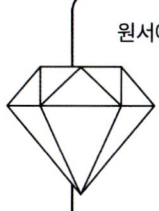

원서에서 찾은 보석

Moon, you have followed me **all the way** home. (62, Chapter 5)

from Owl at Home

STEP 1 BUILDING (구조 공부)

go
run
come
walk
travel
track
follow
drive

all the way

 부사 →
home
here
there
abroad
upstairs /downstairs
outside / inside

 to + 명사 →
to the library
to the place
to my final destination
to the airport
to the summit
to the very last step

STEP 2 ACTIVATION

위의 순서대로 문장을 만들어 보세요. 주어 설정하고, 동사는 미래형, 과거형으로 자유롭게 바꿔보세요.

1 _____. 뜻:
2 _____. 뜻:
3 _____. 뜻:
4 _____. 뜻:
5 _____. 뜻:

100 Prepositional Phrase

방향, 위치, 이동을 구체적으로 표현하는 전치사 구

구체적으로 생생하게 표현하기

원서에서 찾은 보석

...and looked **out at** the waves. (51, Chapter 5)

Then a small tip of the moon came **up over** the edge of the sea. (51, Chapter 5)

Looked **up at** the moon for a long time. (52, Chapter 5)

then you must be looking **back at** me. (53, Chapter 5)

He looked **up at** the sky. (54, Chapter 5)

But you must stay **up over** the sea.. (56, Chapter 5)

The moon was coming **from behind** the clouds. (62, Chapter 5)

The moon was shining **down through** the window. (64, Chapter 5)

from Owl at Home

STEP 1 VISUALIZATION

다음 전치사들을 화살표로 그려보세요.

FROM	UP	DOWN	TO	AT	OVER	THROUGH

© 2025 Sharonshine BOOKGEMS. All rights reserved.

Prepositional Phrase

방향, 위치, 이동을 구체적으로 표현하는 전치사 구

구체적으로 생생하게 표현하기

STEP 2 VISUALIZATION 아래의 부사 + 전치사 조합을 화살표 그림으로 그려보세요.

OUT AT	UP OVER	UP AT	BACK AT	FROM BEHIND	DOWN THROUGH

STEP 3 GEM (인지)

부사 + 전치사 COMBO

...and looked **out at** the waves.

Then a small tip of the moon came **up over** the edge of the sea.

Looked **up at** the moon for a long time.

then you must be looking **back at** me.

He looked **up at** the sky.

But you must stay **up over** the sea..

The moon was coming **from behind** the clouds.

The moon was shining **down through** the window.

STEP 4 VISUALIZATION

원서에 있는 문장을 해석해 보세요.

다른 원서에서도 전치사가 두 개 연달아 있는 문장들을 찾아보세요.

Prepositional Phrase

공간적 시선을 표현하는 법

Action Prepositions
움직이는 전치사

STEP 5 ACTIVATION 1

OUT OF

A frog jumped out of the box.

FROM BEHIND

A cyclist came from behind.

AWAY FROM

The cat ran away from the tree.

DOWN THROUGH

Rain came down through the window.

UP TO

He ran up to his father.

BACK TO

She went back to the house.

Action Preposition을 사용해 문장을 만들어 보세요.

out of : _____.

from behind : _____.

away from : _____.

down through : _____.

up to : _____.

back to : _____.

© 2025 Sharonshine BOOKGEMS. All rights reserved.

Prepositional Phrase

공간적 시선을 표현하는 법

Action Prepositions
움직이는 전치사

STEP 6 ACTIVATION 2

DOWN ONTO

A cat jumped down **onto** the floor.

OVER TO

He passed the ball **over to** her.

OFF OF

The toast fell **off of** the plate.

ACROSS FROM

He sat **across from** her.

ALONG WITH

She walked along **with** her son.

FROM UNDER

A mouse ran from **under** the rug.

Action Preposition을 사용해 문장을 만들어 보세요.

down onto : _____.

over to : _____.

off of : _____.

across from : _____.

along with : _____.

from under : _____.

Prepositional Phrase

공간적 시선을 표현하는 법

Action Prepositions
움직이는 전치사

STEP 7 ACTIVATION 3

DOWN FROM UNDER

A turtle came down from under the mushroom.

UP OVER

She walked up over the stairs.

OVER AT

She lives over at that house.

over이라는 action으로 시작해 최종적으로는 정지상태입니다.

UP AT

He looked up at the moon.

DOWN AT

She looked down at the rock.

UP WITH

He came up with an idea.

관용어처럼 추상적인 곳에 사용해요.

OVER BY

The lamp is over by the window.

Action Preposition을 사용해 문장을 만들어 보세요.

down from under	: _____ .
up over	: _____ .
over at	: _____ .
up at	: _____ .
down at	: _____ .
up with *	: _____ .
over by	: _____ .

© 2025 Sharonshine BOOKGEMS. All rights reserved.

Stationary Prepositions
위치 전치사

어떤 대상이 고정된 위치나 상태에 있음을 나타낼 때 | "어디에 있다"라는 느낌을 줍니다.

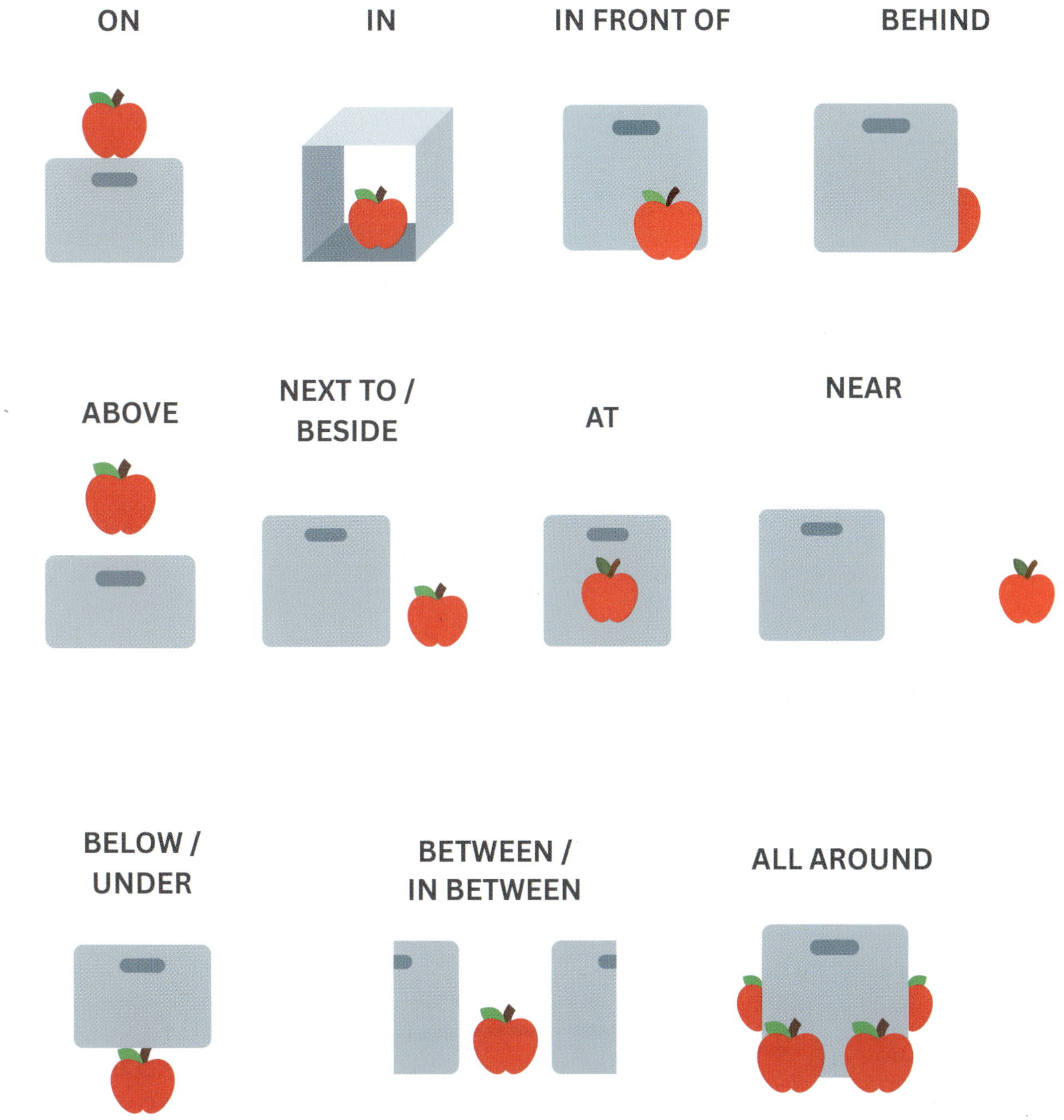

| ON | IN | IN FRONT OF | BEHIND |

| ABOVE | NEXT TO / BESIDE | AT | NEAR |

| BELOW / UNDER | BETWEEN / IN BETWEEN | ALL AROUND |

Action Prepositions
동작, 이동 전치사

한 곳에서 다른 한 곳으로 방향을 나타내거나, 움직임이 있을 때 표현하는 방법

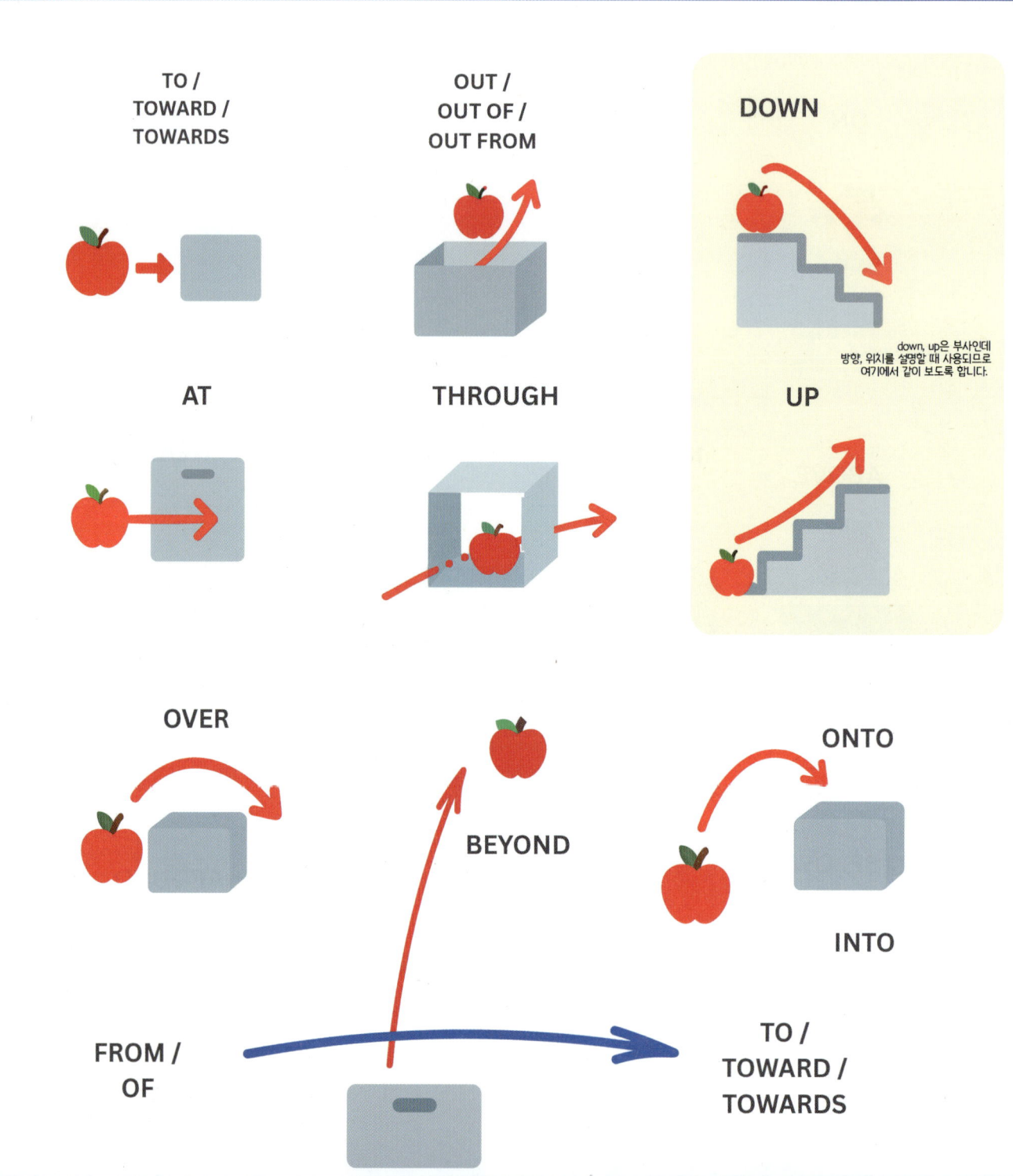

Interactive Writing Lab

SharonShine BOOK GEMS 원서 클로스뤼딩 글쓰기 프로그램

AI-Assisted Writing Practice

내가 검색하고 싶은 표현

STEP 1 INPUT

Ask Generative AI

Prompt 만들기 (이 표현의 활용법을 알고 싶을 때 어떻게 물어볼까요?)
Ask AI for its meaning and examples.

오늘 사용한 AI는?

Gemini   perplexity   Claude
deepseek   ChatGPT

나의 Prompt 적어보기

STEP 1 ACTIVATION 1

Rewrite what you have just learned.

STEP 2 ACTIVATION 2

Make your own sentence.

Interactive Writing Lab

AI-Assisted Writing Practice

SharonShine BOOK GEMS 원서 클로스뤼딩 글쓰기 프로그램

내가 검색하고 싶은 표현

STEP 1 INPUT

Ask Generative AI

Prompt 만들기 (이 표현의 활용법을 알고 싶을 때 어떻게 물어볼까요?)
Ask AI for its meaning and examples.

오늘 사용한 AI는?

Gemini   perplexity   Claude
deepseek   ChatGPT

나의 Prompt 적어보기

STEP 1 ACTIVATION 1

Rewrite what you have just learned.

STEP 2 ACTIVATION 2

Make your own sentence.

Interactive Writing Lab

내가 검색하고 싶은 표현

AI-Assisted Writing Practice

STEP 1 INPUT

Ask Generative AI

Prompt 만들기 (이 표현의 활용법을 알고 싶을 때 어떻게 물어볼까요?)
Ask AI for its meaning and examples.

오늘 사용한 AI는?

Gemini　perplexity　Claude
deepseek　ChatGPT

나의 Prompt 적어보기

STEP 1 ACTIVATION 1

Rewrite what you have just learned.

STEP 2 ACTIVATION 2

Make your own sentence.

Interactive Writing Lab

AI-Assisted Writing Practice

내가 검색하고 싶은 표현

STEP 1 INPUT

Ask Generative AI

Prompt 만들기 (이 표현의 활용법을 알고 싶을 때 어떻게 물어볼까요?)
Ask AI for its meaning and examples.

오늘 사용한 AI는?

Gemini　perplexity　Claude
deepseek　ChatGPT

나의 Prompt 적어보기

STEP 1 ACTIVATION 1

Rewrite what you have just learned.

STEP 2 ACTIVATION 2

Make your own sentence.